KB023700

나를
공부할
시간

나를
공부할
시간

인문학이 제안하는 일곱 가지 삶의 길

김선희 지음

풀빛

차례

이 책을 펼쳐 든 당신께

서점의 인문학 코너에 서 계신 당신께 묻습니다. 왜 지금 인문학입니까? 왜 쉽게 쓰인 경제학이나 미래의 산업, 삶의 조건을 보여 줄 대중 과학서가 아니라 인문학 서적 코너에 서 계신가요? 인문학 서적에서 어떤 도움을 기대하십니까? 세련되고 문제적인 교양서풍의 학술서들이 한국 사회의 다양한 문제를 진단하고, 논쟁을 견인하고 있습니다. 또 쉽게 핵심들만 추려 만든 다이제스트판 인문 교양서들도 상당히 많이 팔려 나가지요. 독서를 통해 성공한 사람들과 그들이 읽은 책을 소개하면서 교양과 독서를 권하는 책 전도사들의 책은 '인문학'이 무엇인지 그 정의조차 바꿀 정도입니다.

왜 경제학이나 과학책이 아니라 인문학 책인지 답하기 어려워도, 심지어 인문학이 무엇인지 명확하지 않아도, 한 가지는 분명합니다. 우리가 책을 읽는 것은 자기를 지탱하고, 세상에 세울 방법을 찾기 위한 것이라는 점입니다. 많은 이에게 책은 모종의 변화를 위해 택할 수 있는 작은 수단일 것입니다. 우리는 종종 삶에 대한 태도와 문제의식을 전환해서 현재의 자신을 바꾸고 발전시킬 수 있다고 믿습니다. 이런 변화를 위해 어떤 책들은 세상의 변화를 전망해 줄 이론과 지식들을 제공하기도 하고 어떤 책들은 세상을 따뜻하게 비추어 주기도 합니다. 성공을 위한 마음의 결단을 촉구하고, 인맥과 인간관계의 기술들을 알려 주는 책들 역시 무수히 많습니다.

저의 질문은 여기에서 시작됩니다. 그토록 많은 서점과 도서관의 서가 중에서 왜 여러분은 '인문학' 코너에 서 계신가요. 인문학 도서에서 여러분은 무엇을 기대하고 계신가요? 여러분의 대답을 들을 수는 없지만 적어도 한 가지 말씀드릴 수 있는 것이 있습니다. 인문학 서적이 여러분에게 따뜻한 마음의 안정과 관계의 기술을 제공할 수는 없다는 것입니다.

이 책의 목표는 인문학이 무엇인지 말하려는 것도, 현대 사회의 핵심 논점들을 최신 이론들을 통해 설명하려는 것도 아닙니다. 독서의 효용과 가치를 역설하며 인문학 필독서들을 효율적으로 압축하는 책도 아닙니다. 이 책에는 14명 이상의 철학자, 역사가, 문학가가 등장하고 그들의 삶과 사상에 대한 정보가 담겨 있습니다. 그러나 그들의 생애를 소개하거나 사상을 쉽게 설명하는 것도 이 책의 목적이 아닙니다. 이 책은 인문학의 기초나 학습에 유용한 정보를 담은 책이 아니라 나에게 인문학이 왜 필요한가를 묻는 단계에서 필요한 책이라고 할 수 있을 것입니다.

이 책의 목표는 소박합니다. 여행하는 삶, 앎을 좇는 삶, 꿈에 이끌린 삶, 변혁하는 삶, 유배당한 삶, 공감하는 삶, 읽고 쓰는 삶 등 일곱 가지 고전적 삶의 경로들을 들여다보려는 것입니다. 탁월한 지적 성취의 사례나 방법 혹은 현대 철학, 사회학 등의 첨예한 개념과 이론들이 아니라 지나간 이들이 택한 삶의 방식을 현재의 우리가 택할 수 있는 하나의 유형으로 우리 자신에게 적용해 보려는 것입니다. 이 책에 제안되어 있는 일곱 가지 삶의 유형은 사실 심리학적 검사로 변별되는 성격의 보편적 구분도 아니고 역사적 인물들을 대상으로 한 일반적 분류 체계에 의한 것도 아닙니다. 더 나아가 다채로운 사상가들의 일생을 하나의 유형에 가둔다는 것은 어리석거나 의미 없는 일일 것입니다. 당연한 말이지만 우리의 삶은 물론, 역사적으로 자취를 남긴 사상가들의 삶과 사상은 하나의 유형 안에 온전히 갇히지 않습니다. 역사에 남은 대부분의 사상가가 사상적 탄압을 불러올 타고난 비판자이자 천성적 방랑자이며 학문에 모든 것을 거는 헌신적인 학자였을 것이기 때문입니다. 그럼에도 불구하고 이들의 삶을 어떤 유형으로 바라보는 것은, 그 틀이 우리가 원했던 것과 포기할 수 없는 것을 동시에 설명하는 하나의 창이 될 수 있다고 생각하기 때문입니다.

그런 의미에서 이 책이 의도하는 것은 삶의 태도가 곧 사상을 결정했던 어떤 이들을 모아놓고, 그들의 삶의 태도와 그들이 만난 문제, 또 그들이 그 문제를 극복한 방식을 살펴보려는 것입니다. 그들이 얼마나 어려운 고난을 뚫고 성공에 이르렀는지가 아니라,

어떤 문제에 놓여 있었고 어떤 전환을 만났으며 어떤 결단을 내렸는지 살펴보려는 것입니다. 이 책에서 생애를 서술하는 것도, 어쩌면 지루할 수도 있을 사상가의 핵심적 사상을 길게 정리하는 것도 궁극적으로는 그들의 선택과 지향을 이해해 보기 위한 과정입니다. 그러나 생애와 사상에 대한 정보들은 사실 그들을 이해하기 위한 것이 아니라 궁극적으로 나를 밖에서 바라보기 위한 것입니다. 나라면 어떤 고난과 선택의 기로 앞에서 어떤 선택을 했을지, 어떤 길을 따라갔을지를 생각하고 그들의 삶으로 내 선택을 비추어 보려는 것이지요.

이러한 모색은 인간이나 세계의 보편적 구조, 특수한 역사적 조건에서 드러나는 인간과 세계의 특수성이 아니라 오직 구체적인 나의 삶과 나의 태도, 나의 문제와 나의 선택을 되묻는 데 도움이 될 수 있을 것입니다. 특히 이 책에서는 학문으로서의 인문학이 아니라, 체계와 구조 논리와 개념으로서의 철학이 아니라 삶의 기술로서의 인문학과 철학을 제안하려는 것입니다. 다시 말해 이론이나 체계에 대한 정보뿐 아니라 나를 묻고 나를 읽고 나를 쓰고, 그리하여 나를 넘어서는 기술을 제안하려는 것입니다. 그렇다면 이 책이 제안하는 일곱 개의 삶의 유형은 일종의 문진표와 같을 것입니다. 일곱 개의 삶의 유형들은 내가 왜 어떤 선택을 했는지, 어떤 가치를 따르는지 그리고 무엇보다 내가 택하지 않은 것들의 이유를 알 수 있도록 도와줄지도 모릅니다.

고백하자면 저에게는 혁명가의 기질이 그다지 강한 것 같지 않습니다. 저는 그 어떤 희생을 치르고라도 오직 여기서 바꾸지 않으면 안 된다는 혁명가의 굳은 의지와 지향에 두려움을 느낍니다. 그러나 동시에 반드시 저 같은 사람을 설득시키고 변화시켜 줄 혁명가의 삶과 선택에 긴장과 희열을 느끼기도 합니다. 또 저는 철학을 전공한 연구자이자 교육자로서, 읽고 쓰는 삶을 택한 것에 가깝지만 그럼에도 불구하고 이 책에 소개된 주희나 페트라르카처럼 읽고 쓰는 삶을 위해 세속의 명예와 지위에 초연할 수 있을지 의문입니다. 저 일곱 가지 길 중에 어떤 길은 제가 갈 수 없는 길이고, 어떤 길은 갈 수 있었지만 가지 않은 길이며, 어떤 길은 가고 싶었지만 갈 수 없었던 길이었습니다. 제가 알고 싶었던 것은 그 결과가 아니라 동기와 이유들이었습니다.

이 책을 읽는 여러분들이 그러하겠지만 저 역시 언제나 삶의 방향을 정하는 선택과 결단은 무겁고 두렵기만 합니다. 바로 이 점 때문에 저는 이 책을 썼습니다. 내가 무엇을 견딜 수 있는지, 무엇을 두려워하는지 알기 위해서지요. 저는 이 책을 통해 무엇보다 제가 택한 길을 그리고 제가 가지 않은 길의 이유를 스스로 찾아보고 싶었습니다. 삶의 방법을 스스로 진단하고 선택하는 능력을 확보하는 것은 독립적으로 살아가야 하는 모든 사람에게 여전히 숙제입니다. 이 책은 그 숙제를 스스로 해결하며 나름의 모범을 제시했던 이들을 만나 보려는 시도입니다. 특정한 국면에서 특정한 선택을 했던 학자들을 통해 내가 택한 삶의 방법을 진단하고 선택하는 능력을 기르기 위한 일종의 사유실험이 가능하지 않을까 생각합니다.

물론 이 책이 여러분의 삶에 어떤 극적인 전환이나 변화를 가져올 것이라고 생각하지 않습니다. 사실 계시와도 같은 강렬한 체험을 통해 삶을 바꿀 수 있는 사람은 흔치 않을 것입니다. 활자에 담긴 문장들은 때로 구멍 나 있는 듯한 삶의 결여를 채우거나 꺾여 있던 마음의 굴곡을 펴 주기도 하지만 사실 이 체험은 한순간의 섬광과 같다기보다는 조용한 파장일 경우가 많은 듯합니다. 현명한 이들의 의미 있는 조언에 마음을 열고자 해도 결국 어떤 순간 고집스럽게 자기 방식을 고수하게 되는 경우가 많을 것 같습니다. 오랫동안 한 분야를 공부하고 학생들을 가르치는 저 같은 사람에게는 더욱더 그렇습니다.

그럼에도 불구하고 무엇이든 읽어야 하는, 어떤 글자라도 읽어서 현재의 불안들을 가라앉히고자 하는 분이라면, 작은 도움을 얻을 수도 있을 것입니다. 분명한 이유를 말할 수 없더라도 지금 이 순간 자기계발서나 미래 경제 리포트가 아니라 인문학 코너에 서계신 어떤 분들에게는 도움이 될 수도 있을 것입니다. 그런 의미에서 저는 이 책이 정보나 지식뿐 아니라 자신과 세상을 견디기 위해 인문학을 하나의 창이나 지도로 삼으시려는 분들에게 전달되었으면 합니다. 언제나 그렇듯, 자기를 견디며 사는 것이 가장 힘들기 때문입니다.

사마천과 괴테

여행하는 삶 Chapter 1

모든 자발적 여행은 모종의 의지와 연결되어 있다. 그것은 무엇인가를 하려는 의지일 수도,

하지 않으려는 의지일 수도 있지만 적어도 현재라는 시간을 끊어서 멈추어 놓고,

현재에 갖추어진 것들을 포기하지 않으면 여행은 시작될 수 없을 것이다.

여행을 선택하는 사람들에게 제일 먼저 필요한 것은 낯선 세계를 두려워하지 않는 용기가 아니라

현재 누리던 것들을 내려놓는 포기인 것이다.

미지의 자극, 여행의 권유

──────── 18세기 후반 유럽은 바닷길이
열리며 알려진 미지의 세계뿐 아니라 오랫동안 그 자리를 지키던
고대 도시를 탐사하려는 열망으로 넘쳐나던 이른바 '여행의 시대'
였다. 영국의 항해가 제임스 쿡 선장이 태평양과 호주 해안을 항해
했고, 프랑스 항해가 부갱빌이 범선을 통해 세계 일주에 성공한 것

도 이 시기였다. 범선을 통해 세계 일주에 성공했다는 소식이 유럽
뿐 아니라 아시아에까지 퍼져 나갔고, 미지의 세계였던 태평양의
섬들이 유럽인들의 탐험 욕구를 부추겼다.

유럽 안에서도 여행을 독려하는 자극제들이 흘러넘쳤다. 문자
에 담긴 이국의 풍경은 유럽인들을 자극하기에 충분했다. 영국 작
가 로렌스 스턴이 쓴《프랑스와 이탈리아를 경유하는 감상적 여
행A Sentimental Journey Through France and Italy》1768이나 독일의
미술사가 빙켈만이 쓴《고대 예술의 역사Geschichte der Kunst des
Alterthums, History of Ancient Art》1764 같은 책은 고대 예술로 가득
찬 이탈리아에 대한 동경을 불러일으켰다.

오늘날 조기 유학의 원조 격이라고 할 만한, 명문가 자제들의
'그랜드 투어' 역시 이 시대의 풍조다. 18세기 유럽의 명문가에서
는 자제들을 프랑스와 이탈리아 등지에 보내 고대 문화를 배우게
하는 한편, 매너와 사교술을 익히도록 권했다. 2~3년이 걸리는 여
행 기간 동안 유럽의 문화적 자양분과 최신 유행을 흡수하여 부모
가 들인 돈의 값어치 이상을 얻은 청년들도 있었지만, 술과 성적
방탕에 빠져 패가망신하는 청년들도 더러 있었다. 이 시기 유럽인
들에게 여행은 유럽 밖의 세계에 대한 긴장감 넘치는 자극적인 환
상이자, 유럽의 고대 문화에 대한 자부심 가득한 지적 향유였다. 당
시 많은 사람이 발 빠른 이들이 문자로 전한 환상과 향유에 자극받
아 짐을 꾸리곤 했다. 많은 유럽인이 알 수 없는 의지에 이끌려 몇
년이 걸리는 긴 여행을 떠났던 것이다.

모든 자발적 여행은 모종의 의지와 연결되어 있다. 그것은 무엇인가를 하려는 의지일 수도, 하지 않으려는 의지일 수도 있지만 적어도 현재라는 시간을 끊어서 멈추어 놓고, 현재에 갖추어진 것들을 포기하지 않으면 여행은 시작될 수 없을 것이다. 여행을 선택하는 사람들에게 제일 먼저 필요한 것은 낯선 세계를 두려워하지 않는 용기가 아니라 현재 누리던 것들을 내려놓는 포기인 것이다. 새로운 것에 대한 동경은 오직 현재의 어떤 것을 일시적으로 혹은 영원히 내려놓는 단념 위에서 작동할 수 있다. 젊은 사람들이 여행에 좀 더 개방적이라면 그것은 이미 삶의 조건이 굳어져 포기해야 할 것이 많은 중장년층에 비해 내려놓을 것 자체가 적기 때문일 수도 있다.

내려놓을 수 없는 것들이 많아지고, 떠날 수 없는 이유들이 늘어 가도 누군가는 여행에 대한 꿈을 멈추지 않는다. 우리 중의 어떤 이들은 왜 평생 여행을 꿈꾸는가? 왜 여행은 한 번의 완전한 만족으로 끝나지 않는가? 어쩌면 대답이 정해져 있을 이 질문 앞에서 많은 사람들은 '탈출', '위로', '휴식'과 같은 명사뿐 아니라 '경쟁적', '숨 쉴 틈 없는', '불안한' 등의 형용사를 함께 떠올릴 것이다. 사실 우리 사회에서 여행의 동경은 개인의 선택이 아니라 우리 삶의 조건일지도 모른다.

우리 시대에 여행에 대한 동경과 실천이 전보다 더욱 강렬해진 것은 그만큼 우리가 혹독하고 견디기 힘든 사회에 살고 있기 때문일까? 단번에 그렇다고 답하기엔 부족한 느낌이 있다. 예를 들어 임진왜란 때나 일제 강점기, 군사정권하의 공안 정치 사회에서 살았던 사람들의 삶이 현재의 우리보다 덜 각박하고 덜 피폐했다고 말하기는 어려울 것이다. 다른 한편에서 보자면 덜 경쟁적이고 덜 각박한 시대라고 해도 여전히 여행은 열망의 대상이었다. 생활인인 우리가 여행을 꿈꾼다면 그것은 여행이 절실할 만큼 일상의 삶이 힘든 탓도 있겠지만 더 근본적으로는 여행을 떠날 만한 사회적 여건이 갖추어졌기 때문이고, 더 나아가서는 그 사회적 여건이 돈과 연결되어 있기 때문이다. 사실 우리에게 여행의 환상은 자본주의적 삶의 양식 중 하나일 수도 있다.

18세기 후반의 유럽과는 다르지만 우리도 여행을 권하는 사회에 살고 있다. 대형 서점의 여행 서적 코너는 언제나 화려하게 장정된 신간으로 넘치고 TV, 인터넷 할 것 없이 어디에서나 여행사 광고와 항공권 판매 사이트의 광고를 만날 수 있다. 심지어 국가적으로 제발 나가 놀면서 돈을 쓰라고 공식적으로 휴일을 정해 주기도 한다. 이제 한국 사회에서 여행은 개인의 선택이 아니라 산업이고, 여행의 독려는 자기를 위해 돈을 쓰라는 달콤한 유혹이다.

이 자극적인 유혹에 응대하기 위해 어떤 이들은 몇 년간 적금을 붓기도 하고, 다니던 직장에 사표를 내고 세계 일주 티켓을 사기도 한다. 그리고 사람들은 여행자들이 이 나라 밖에서 새롭게 만들 루트를 부러워하고 동경한다. 현재를 멈출 용기가 없고, 가진 것을 내려놓을 수 없는 보통 사람들에게, 삶을 바꾸는 어떤 이들의 결단이 부럽기만 하다.

그러나 동시에 보통의 우리는 알고 있다. 여행이 모든 것을 근본적으로 바꾸어 주지 않는다는 것을. 며칠간의 일탈이 주는 행복이 그다지 오래가지 않는다는 것을. 휴가는 오직 계획을 짜고 떠나기 전까지만 행복하다는 것을. 그렇다고 근본적인 통찰과 깨달음을 줄 무겁고 고생스러운 구도적 여행이 답이 될 것 같지도 않다. '삶은 여행'이라는 비유조차 무겁게 느껴지는 사람이 있는 반면, '여행이 곧 삶'이라며 정주를 거부하고 끝없이 유동하는 사람들도 있다.

정주하며 살되 가끔의 일탈을 꿈꾸는 보통 사람들에게는 양 극단이 모두 부담스럽지만 적어도 한 가지는 분명하다. 만일 누군가 정말 정주를 거부한 채 끝없이 길 위의 삶을 선택한다면, 그 과정을 '여행'이라고 부를 수 없다는 것이다. 언젠가는 끝이 나며, 어디에 있더라도 돌아올 곳이 있을 때 우리는 그 길 위의 삶을 여행이라고 부른다. 여행이 의미 있는 것은 끝과 귀환이 있기 때문일 것이다. 끝도 귀환도 없이 영원히 떠도는 삶을 택할 수 있는 사람은 어쩌면 영원회귀와 무한한 생성을 견디는, 니체가 말하는 초인뿐일지도 모른다. 무엇이 우리를 길 위로 부르는가. 끝없는 유동이아니라 일시적 궤도 일탈에서 우리는 무엇을 얻고 싶은가.

이 장에서 살펴볼 두 사람 역시 본성에 새겨진 길을 따라 여행을 떠난 사람들이었다. 그리고 어떤 시점에 돌아와 여행의 경험으로 삶을 바꾼 사람들이다. 당연한 말이지만 여행은 삶을 바꾼다. 삶의 경험을 학문적 결과로 바꾸는 사상가들에게는 더욱 그러하다. 역사상 수많은 철학자와 역사가, 문인과 화가들이 여행을 통해 삶과 학문을 다음 단계로 올려놓았다.

철학자들에게도 여행은 중요한 과정이다. 독일 철학자 칸트처럼 평생 자신의 고향인 쾨니히스베르크지금의 칼리닌그라드를 떠나지 않았던 사람도 있지만, 공자처럼 노년에 고향에 정착하기까지 끝없이 여러 나라를 돌아다녀야 했던 철학자도 있다. 평생 육체와 정신의 고통을 번갈아 느꼈던 니체도 젊은 시절에는 좋아하는 여인과 함께 여행했고, 퇴계 이황 역시 말년에는 고향에 은둔한 듯 살았지만 평생 오지를 비롯해 조선의 곳곳을 유람했다.《열하일기》를 쓴 박지원이 공무가 아닌 스스로의 선택으로 청나라 황제의 여름 피서지인 열하에 찾아간 것은 잘 알려진 사실이다. 이들의 여행은 단순한 일탈이나 휴식이 아니라 성장과 통찰을 위한 필수적 과정이었을 것이다.

여행가 사마천

─────── 생각의 집을 짓고 이를 언어로 옮기는 사람들에게, 다양한 경험, 낯선 세계와의 대면은 중요한 삶의 전환점이자 사상적 자원이었을 것이다. 사상가들에게 여행은 일상의 무게를 내려놓는 가벼운 일탈과 유희가 아니라 학문의 연장이자 자신이 추구하던 가치의 실현이라는 의미를 갖는다. 세계에 대한 정확한 관찰 없이 그 근본에 대한 통찰은 불가능할지 모른다.《사기史記》의 저자로 알려진 대역사가 사마천은 그러한 여행의

전형을 보여 주는 인물이다.

우리는 사마천에 대해 알고 있을까? 수치스러운 궁형을 받고도 끝내 살아남아 《사기》라는 위대한 역사책을 저술한 역사가가 아니라, 여행가로서의 사마천에 대해 말이다.

사마천은 자주 인간 승리의 예로 지목되곤 한다. 복잡한 정치적 상황에서 올곧은 소리를 한 대가로 받은 수치스러운 궁형의 형벌과, 시대를 초월하는 역사서 《사기》의 위대성 사이에 그의 삶이 놓여 있기 때문이다. 그는 고통을 극복한 사람이고 또한 자신의 한계를 뛰어넘은 사람이다. 그러나 사실 인간 사마천에 대해서는 궁형과 《사기》 외엔 그다지 알려져 있지 않다. 그가 어떤 사람이었고 왜 죽음 대신 치욕스러운 궁형을 택했는지, 그리고 왜 살아남은 뒤에 《사기》를 집필했는지 상세히 아는 사람은 많지 않다.

우리가 잘 모르는 사마천의 한 측면은 그가 근본적으로 '여행가'였다는 사실이다. 여행가 사마천이라니 조금 낯설게 느껴진다. 사마천司馬遷, BC 145?~BC 86?은 한 무제 때 사람이다. 오랫동안 분열되어 있던 중국을 통일한 진나라가 2대 만에 무너지고 다시 시작된 분열을 수습한 것이 한나라다. 사마천은 전한前漢의 일곱 번째 황제 무제 때 벼슬을 했던 사람이다.

사마천의 이야기를 하려면 아버지 사마담으로 거슬러 올라가야 한다. 사마담司馬談은 천문관측과 의례의 기록을 담당하는 태사령太史令이라는 직책을 맡고 있던 하급 관리였다. 태사령은 원래 세습되던 관직이었기 때문에 아버지가 죽은 뒤 사마천도 이 직책을 이어받았다. 사마천은 27세 때 황제의 비서인 낭중으로 발탁된 뒤 10여 년 만인 38세에 태사령 직책을 물려받는다. 그런데 그가 물려받은 것은 아버지의 직책만이 아니었다.

사마천은 사마담으로부터 그의 평생의 소명이자 임무였던 《사기》의 집필까지 물려받았다. 그러니까 사마천의 《사기》 집필은 아버지의 유업을 이어 2대에 걸친 프로젝트였던 것이다. 광범위한 자료 조사와 긴 집필 기간을 필요로 하는 역사서가 결코 자신의 손에서 완성될 수 없다는 것을 잘 알았을 사마담은 일찍부터 아들에게 《시경》, 《서경》, 《춘추》 같은 고문古文을 가르쳤다. 여기까지는 보통의 아버지와 다를 바가 없다. 그러나 역사서를 집필하던 사마담은 아들에게 다른 과제이자 기회를 부여한다. 여행을 떠나는 것이다.

기록에 따르면 사마천은 스무 살 무렵 여행을 떠났다고 한다. 이 여행은 단순한 유람이나 휴가가 아니라 분명한 목적을 위해 설계된 여행이었다. 여행지가 모두 중요한 역사적 현장이었기 때문이다. 사마천이 남긴 여행 기록에 따르면, 수도 장안을 출발한 뒤 사마천은 초나라 때 충신이자 《초사》의 위대한 시인 굴원이 간신의 모략으로 자결한 비극이 서린 멱라강을 둘러본다. 이후 그는 고대의 성왕 순임금의 유적지를 방문한 뒤 양자강을 따라 려산으로 이동해 우임금이 물길을 막은 전설에 대해 듣는다.

또 회계산에서는 우임금이 머물렀다는 우혈을 방문하기도 하고, 초나라와 한나라의 전쟁에서 승리를 한나라로 돌렸던 명장 한신의 고향 회음을 방문해 그곳의 노인들로부터 한신에 관한 옛

이야기들을 듣기도 한다. 노나라 도읍지를 찾아가 공자의 무덤을 방문하고, 제나라 대부 맹상군 이야기를 들었으며, 초한의 격전지였던 팽현을 방문하기도 한다. 그의 여행은 사실 유람이나 관광과는 다른, 역사의 생생한 현장을 돌아보는 답사의 성격이 강했던 것이다.

사마천의 여행은 견문을 넓히고 고대 문화를 체험하려는 18세기 유럽 명문가 자제들의 그랜드 투어처럼 교육적 동기에서 시작된 것일 테지만, 실제로 현실은 많이 달랐을 것이다. 여행과 이동이 일상화되지 않은 시대에는 이동 자체가 위험을 동반한다. 길도 닦여 있지 않았을 것이고, 숙소나 식당이 마련되어 있을 리 없다. 마을 사람들은 낯선 청년을 경계했을 것이고, 이동의 과정에는 도둑들이 먼저 마중을 나와 있었을지도 모른다.

아버지 사마담의 바람과 기대 속에서 출발했다는 점은 유럽의 그랜드 투어와 마찬가지다. 그러나 충분한 경제력과 정보를 바탕으로 하인을 동반하는 유럽 청소년들과는 달리 하급 관리의 아들이었던 사마천은 혼자였을 것이고, 여행 경비도 충분치 않았을 것이며, 고문에 나온 지명과 인물 외에는 아무런 정보도 없었을 것이다. 강력한 동기와 스스로에게 부여한 분명한 사명감 없이 해낼 수 없는 일이었다는 말이다.

아버지의 이름으로

─────── 무엇이 이 청년을 낯설고 두려운 길을 홀로 걷게 했을까. 청년 사마천의 마음을 다 알 수는 없지만 분명한 것이 있다. 이 여행이 미래의 그의 삶을 결정했다는 것이다. 이 여행은 죽음 대신 궁형이라는 수치스러운 형벌을 받으면서까지 그를 살아 있게 한 동기였을지 모른다. 아버지의 유지를 이어 역사서를 집필하려는 의지가 없었다면 그는 기꺼이 명예롭게 죽음을 택했을 것이다. 그는 아마도 역사서 집필을 위해 아버지가 권한 여행의 값을 치르고자 죽음보다 더 큰 고통을 가져올 치욕적인 삶을 택했을지도 모른다.

사실 그가 명예 대신 치욕을 택하면서까지 아버지의 유업을 잇고자 했던 것은 아버지가 남긴 깊은 한 때문이었다. 사마담의 작업이 미완으로 끝난 것은 많은 사료를 다루고 정리해야 할 저술의 부담 때문일 수도 있지만 근본적으로 그가 천수를 누리지 못하고 불의의 죽음을 당했기 때문이다.

사마담이 일생의 과업을 온전히 실현하지 못한 것은 정치적 비극에 따른 결과다. 원래 천문관측과 의례 기록을 전담하는 태사령의 고유한 직무 중 하나는 황제가 하늘에 올리는 국가 제사인 봉선제의 준비를 돕는 것이었다. 새로운 통일 왕조 한나라의 7대 황제였던 한 무제는 중단됐던 봉선제를 다시 올리고자 했다. 봉선제를 통해 왕조의 정통성을 견고히 하고자 했던 것이다. 그러나 무제는 이 과정에서 전문가인 사마담을 배제해 버린다. 아무래도 정통성이 약한 신흥 왕조로서, 옛 제도에 해박했던 사마담의 존재가 부담스러웠을 것이다. 사마담은 이 일로 화병을 얻고 말았고, 결국 통한 속에서 평생의 과업을 아들에게 맡기고 세상을 떠났다. 억울하게 죽은 아버지의 유언 앞에서 사마천은 《사기》 집필을 자기 삶의 목표로 삼는다.

그러나 잘 알려진 대로 정치적 시련은 아버지 대에서 끝나지 않았다. 그가 적군에 항복한 장군 이릉을 변호하다 황제의 미움을 샀기 때문이다. 한 무제는 자신이 사랑했던 여인인 이부인 오빠 이광리李廣利를 이사장군貳師將軍에 임명해 흉노와의 전쟁을 맡긴다. 사랑하는 여인의 오빠에게 영웅의 칭호를 주기 위한 무리한 전쟁이었으므로 어쩌면 패배는 정해진 수순이었을 것이다. 이때 이광리의 부하였던 이릉은 불리한 상황에서도 최선을 다했지만 혈투 끝에 적에게 항복하고 만다. 패배의 책임이 모두 그에게 돌아간 것은 자연스러운 결과였다. 한 무제의 속셈을 알고 있던 신하들은 이광리가 아니라 일개 장군이었던 이릉에게 패배의 책임을 물으면서 그를 배신자이자 반역자로 몰아간다. 이런 상황에서 사마천만이 사실에 입각해 이릉을 변호하며 올곧은 소리를 했던 것이다. 이 일로 사마천은 궁형에 처해진다.

그에게는 두 가지 선택이 있었다. 억울함을 호소하며 명예롭게 죽거나, 엄청난 벌금을 내고 풀려나는 것. 만일 벌금을 대신 내줄 재력 있는 후원자가 있었다면 사마천은 형벌을 피할 수도 있었을 것이다. 그러나 황제의 눈 밖에 난 사마천을 위해 선뜻 나설 후원자는 없었다. 이 상황에서 사마천은 선택을 한다. 의연하게 죽음을 받아들일 것인가 치욕스러운 형벌을 감당할 것인가. 사실 형벌의 치욕은 한순간의 고통으로 끝나는 것이 아니라 평생 그를 괴롭힐 것이고, 사회적 지위를 약화시킬 것이다. 살아야 할 명분보다 죽을 명분이 더 컸다는 말이다.

그러나 사마천은 삶보다 쉬웠을 죽음을 택하지 않았다. 그것은 아마도 그에게 한 개인의 삶이나 치욕보다 더 중요한 임무가 주어졌기 때문일 것이다. 어쩌면 아버지의 유업을 잇기 위해 치른 오랜 시간의 훈련과 학습이라는 자원을 쉽게 포기할 수 없었을지도 모른다.

사마천은 스스로의 삶에 한순간의 절개나 명분보다 더 중요한 '역사서의 집필'이라는 임무를 부여한다. 그 누구도 시킨 일 없고, 그 누구도 기대하지 않았던 임무를 스스로에게 부여한 것이다. 그는 운명이 아니라, 외부의 형세가 아니라, 자신의 신념을 따른 것이다. 그는 역사서 집필을 위해 '살아남기'를 선택한다. 심지어 이 역사서의 집필은 그에게 영광보다는 의심과 비방을 불러올 가능성이 더 높은 일이었는데도 말이다.

스스로 운명을 호명하다

—————— 사실 그가 택한 일은 의심을 자아내는 위험한 일이었다. 아무리 객관적인 사실만을 구성한다 해도 '역사서'를 쓴다는 것은 지나온 시대 그리고 현재에 대한 '평가'를 동반하는 일이기 때문이다. 더 나아가 당시 사람들은 진정한 역사서는 공자가 썼다고 여겨지던 《춘추》 한 권뿐이라며 《춘추》에 유일한 정통성과 권위를 부여해 왔다. 이런 상황에서 새로운 역사서를 쓴다는 것은 공자의 권위에 대한 도전으로 비추어질 수 있었다. 이런 위험을 충분히 알면서도 사마천은 《사기》의 집필을 택한다. 그의 이 선택은 궁형을 받았다는 치욕과 위험한 일을 한다는 의심을 짊어져야 하는 극단적인 것이었다. 그는 자기 운명에 《사기》의 저자라는 이름을 스스로 붙인다.

따지고 보면 자기 운명을 호명하는 일은 사마천이 아니라 사마담으로부터 시작되었다. 여기에는 자주 간과되곤 하는 중요한 사실이 전제되어 있다. 사마담에게 역사서를 써야 할 어떠한 의무도 책임도 없었다는 사실이다. 태사령의 직책은 《사기》의 집필과 아무런 상관관계가 없었다. 태사령은 의례를 기록하고 천문을 관측하던 관리였을 뿐, 전체 역사를 기록하고 정리해야 할 의무와는 거리가 멀었다.

《사기》의 집필은 누구도 시키지 않은 일, 아무도 기대하지 않는 일이었다. 사마담은 오로지 자신의 의지와 선택에 따라 역사서를 쓰고자 했던 것이다. 직업을 선택하고 그를 위해 노력하는 방식이 일상화된 현재와 달리, 신분의 제약이 강하고 직무가 세습되던 고대 사회에서 자신에게 주어지지 않은 일을 스스로 맡는다는 것은 어떤 의미였을까. 삶을 스스로 선택하는 이 부자의 능동성과 자발성 그리고 고난에도 꺾이지 않는 의지에 다시 감탄하게 된다.

여행 역시 그런 의미였을 것이다. 사마천에게 여행은 스스로에게 부여한 임무를 위해 삶을 계획하고 목표를 향해 노력하는 일부였을 것이다. 그에게 여행은 운명을 택한 사람이 스스로에게 부여하는 삶의 설계의 일부였을 것이다. 이런 맥락에서 보면 그는 단순히 인간 승리의 주인공이 아니라 '스스로에게 운명을 부여한 사람'이라고 할 수 있다. 그리고 그 운명을 실현시킨 가장 중요한 자원 중 하나가 바로 여행이 아니었을까.

《사기》가 연도에 따라 중요한 일을 기록하는 편년체 방식이 아니라 인물을 중심으로 하는 새로운 형식으로 구성된 것도 여행과 무관하지 않을 것이다. 그는 치욕을 견디고 얻은 남은 생애에 여행을 통해 얻은 정보와 지식들을 낱낱이 활용해 이제껏 존재하지 않았던 새로운 방식의 역사서를 만들어 낸다. 결과적으로 사마천은 연도에 따라 사관의 기록을 정리하는 왕조 중심의 역사가 아니라, 사람과 사건이 중심이 되는 이른바 기전체라는 생생한 역사 서술 방식을 완성한다.

《사기》, 역동하는 인간상

어떤 이는 '천도天道는 공평무사해서 항상 선인善人을 돕는다'고 말한다. 백이와 숙제라면 선인이라고 할 만하지 않은가? 그러나 그들은 인仁을 쌓고 행실을 깨끗하게 하였음에도 죽었다. 또 자신의 70제자 가운데 공자는 오직 안연 한 사람만을 학문을 좋아하는 제자로 손꼽았는데, 안연은 항상 가난하여 술지게미와 겨 같은 거친 음식도 싫증내지 않았음에도 끝내 요절하고 말았다. 하늘이 착한 사람에게 보상해 주는 것이라면 어떻게 이럴 수가 있는가? -중략- 근래에 이르러서도 행동이 상궤를 벗어나며, 남들이 꺼리고 피하는 일만 하는데도 부귀가 세세토록 끊이지 않는 자들이 있다. 반면 땅을 가려 밟고, 적절한 때에만 말을 하며, 바른길이 아니면 다니지 않고 공정한 일이 아니면 발분하지 않는데도 불행과 재앙을 만난 사람이 헤아릴 수 없이 많다. 하늘의 도라는 것은 옳은가? 옳지 않은가? (선한) 이들의 이름이 인멸되어 칭송되지 않는다면 비통할 것이다.

〈백이열전〉에 나오는 문장이다.
천하를 차지하고 있던 은나라 폭군暴君 주왕紂王으로 인해 몰락하던 시절, 작은 나라 고죽국孤竹國의 왕자였던 백이伯夷와 숙제叔齊는 서로 왕위를 양보하다 결국 둘 다 나라를 떠나 버린다. 그들은 당시 또 다른 제후국이었던 주나라의 무왕이 천자국인 은나라를 치려 한다는 이야기를 듣고 무왕을 찾아가 이를 만류한다. 신하로서 천자국을 칠 수는 없다는 것이다. 그러나 결국 무왕이 은나라를 멸망시키고 천하를 평정하자 백이와 숙제는 주나라의 녹봉을 먹을 수 없다며 수양산에 들어가 굶어 죽고 만다. 잘 알려진 백이숙제 이야기다.

사마천은 역사적으로 중요하거나 혹은 전형이 될 만한 인물들의 일대기를 다루는 《열전》의 첫 장을 이들에게 할애한다. 특히 저 문장은 왜 사마천이 백이와 숙제를 첫 글의 주인공으로 내세웠는지 알 수 있게 해 준다. 이 대목에서 우리는 저 문장 속 주인공이 백이와 숙제일 뿐 아니라 사마천 자신이라는 것을 쉽게 알 수 있다. 의인이라 해도 억울하게 죽을 수 있다는 사실과, 불행하게 죽은 의인의 삶이 기록되지 않는다면 비통할 것이라는 그의 말에서 우리는 사마천 자신의 삶을 본다.

역사서로서 《사기》의 가장 큰 특징은 기전체紀傳體 즉 인물의 일대기를 중심으로 역사적 사건을 정리한 것이다. 총 130권 52만 6천여 자로 이루어진 《사기》는 역대 왕조의 변천을 서술한 연대기로서의 《본기本紀》, 국가 제도의 연혁과 변천을 기록한 《서書》, 각 제후국의 역사적 사실들을 한눈에 비교할 수 있게 정리한 《표表》, 그리고 봉건 제후의 연대기인 《세가世家》와 개인의 전기인 《열전列傳》으로 구성되어 있다. 이 가운데서 특히 흥미로운 것은 《열전》이다.

역사에 남길 만한 특출한 인물들에 대한 기록인 《열전》은 총 70권으로 되어 있는데, 이런 형식은 일종의 전형적 인물을 택해서 그의 일대기를 서술함으로써 시대상을 생생하고도 역동적으로 구성하는 효과가 있다. 흥미로운 것은《열전》에 도덕적이거나 영웅적 인물들만 기록한 것은 아니라는 점이다. 사마천은 장사꾼이나 자객 등 다양한 군상을 등장시켜 역사에 남길 하나의 전형으로 가공한다.

사마천은 이《열전》의 서두에 의인이었지만 결국 불행하게 죽어 간 백이와 숙제의 이야기를 배치한다. 그의 의도는 70편의《열전》가운데 대미를 장식하는 마지막 편 〈태사공자서〉에서 분명히 드러난다. 동아시아 고대 문헌들은 주로 지금의 서문에 해당할 전체의 개요와 개괄 그리고 해제에 가까운 글을 책의 맨 처음이 아니라 가장 마지막에 두는 관례가 있다. 〈태사공자서〉역시 그런 역할을 하는 글이다. '태사공'은 아버지인 사마담의 칭호로, 결국 이 글은 아버지와 자신의 자서전에 해당하는 글이라고 할 수 있다.

이 글에서 사마천은 아버지 대까지 사마씨의 집안 내력, 사마담이 정리한 춘추시대 제자백가의 사상적 평가, 아버지의 억울한 죽음과 유언, 수치스러운 형벌을 감당하면서까지 자신이 책을 집필하는 이유 등을 담담하게 밝힌다. 〈백이열전〉을 통해 하늘의 무심함과 불행한 자신의 처지를 웅변했던 사마천은 〈태사공자서〉를 통해 2대에 걸친 역사서 집필을 뿌리 깊은 가문의 운명이자 개인적인 불행 앞에서도 포기할 수 없는 근본적 소명의 문제로 끌어올린다.

만약 사마천이 여행을 하지 않았다면 이런 글을 쓸 수 있었을까. 아버지가 남긴 자료들만으로 사마천은 아버지의 유업을 이을 수 있었을까. 사마천은 역사적 유적지, 중요한 전쟁의 격전지, 위대한 인물의 고향을 방문했고 그 지역에 남은 문헌을 모았으며 기록이 없을 땐 노인들을 만나 옛이야기를 기록하기도 했다. 이처럼 자기 발로 만들어 낸 경험과 자료 기록이 없었다면 《사기》는 세상에 나올 수 없었을 것이다.

그의 여행은 현재를 잊기 위한 도피가 아니라 미래를 위한 현재의 설계였으며, 스스로 부여한 임무를 위한 계획적이고 의도적인 투자였다. 지금의 관점으로는 답사나 출장에 가까웠을 이 여정을 여전히 여행이라고 부를 수 있는 이유는 무엇일까? 그것은 아무도 그에게 명령하지 않았고, 누구도 그 여행의 결과를 기대하지 않았기 때문일 것이다. 자발적 의지와 목표를 향한 헌신 때문에 우리는 그 시간을 여행이라고 부를 수 있다. 그렇다면 《사기》는 단순히 역사의 기록이 아니라 성실한 여행가가 남긴 세계와 인간에 대한 보고서라고 할 수 있을 것이다.

비엘리츠카의 괴테, 프랑크푸르트의 괴테

폴란드의 옛 도시 크라쿠프 근교에는 20세기까지도 운영되었던 유명한 소금 광산이 있다. 비엘리츠카Wieliczka라는 이름의 이 소금 광산은 600여 년에 걸쳐 소금의 원재료인 암염을 채굴했던 곳으로, 지금은 폴란드를 여행하는 사람들이 꼭 들르는 유명한 관광지가 되어 있다. 이 소금 광산 안

에는 광부들이 만들어 놓은 지하 예배당도 있고 예술적인 장식품
도 있으며 몇 개의 동상도 서 있다.

사람들이 무심히 지나치는 동상들 중 하나에 낯익은 이름이 적
혀 있다. 암염 한 덩이를 손에 쥔 이 동상의 모델은 독일의 소설가
이자 시인, 비평가, 정치가였던 다채로운 이력의 요한 볼프강 폰
괴테Johann Wolfgang von Goethe, 1749~1832, 즉 우리가 아는 독일의
대문호 그 괴테다.

괴테는 지동설을 주장했던 16세기 천문학자 코페르니쿠스나
교황 요한 바오로 2세와 마찬가지로 이 소금 광산을 방문한 여행
객 중 한 사람이었다. 많이 알려져 있듯, 괴테는 폴란드뿐 아니라
평생 독일 안팎의 수많은 곳을 여행한 열정적인 여행가였다. 여행
을 통해 삶을 바꾼 사람들이라면 동서고금을 통틀어 여러 예들을
찾을 수 있겠지만, 여행을 사상적·문학적 작업 안에 담은 사람은
그리 많지 않을 것이다.

《파우스트》,《젊은 베르테르의 슬픔》,《빌헬름 마이스터의 수업
시대》,《친화력》,《서동시집》 등의 작품을 고전과 명작 그리고 학생
들의 필독서 목록에 올려놓은 괴테는 1749년 독일 프랑크푸르트
의 중산층 가문에서 태어났다.

괴테의 아버지 요한 카스파르 괴테1710~1781는 귀족은 아니었
지만 부유한 집에서 태어나 좋은 교육을 받았고 후에 왕실 고문관
을 지내기도 한 성공한 중산층 시민이었다. 어머니 역시 좋은 집안
출신으로 프랑크푸르트 시장의 딸이었다. 이런 배경에서 그 자신

문학과 예술을 사랑했던 괴테의 아버지는 아들 괴테의 재능을 알아보고 다양하면서도 엄격한 교육을 시켰다. 특히 상당한 장서를 보유하고 있었던 아버지의 서재는 괴테를 다방면에 뛰어난 인재로 성장시키는 토대가 되었을 것이다.

괴테는 열여섯에 아버지의 권유로 법학을 공부하기 위해 라이 프치히로 떠나 그곳에서 자유로운 대학 생활을 시작했다. 그곳에 서 그는 첫사랑을 경험하기도 하고 어머니의 친구를 통해 경건주의와 신비주의를 배우기도 하는 등 자유분방하고 낭만적인 시간을 보냈다. 그런 그의 젊은 시절은 목사의 딸 프리데리케 폰 브리온과 의 사랑이 바탕이 된 〈환영과 이별〉, 〈오월의 노래〉 같은 시와, 청 년의 불안과 상처를 다룬 《젊은 베르테르의 슬픔》 같은 작품을 통 해 남겨졌다.

일반적으로 이 시기 괴테의 문학적 경향을 '질풍노도Sturm und Drang'의 시대로 분류한다. 질풍노도란 자연을 노래하고 감정을 중 시하는 문학적 사조로, 18세기 이성 중심의 계몽주의에 대한 반발 로 유럽에 나타난 시대적 경향이라고 할 수 있다. 서정시를 짓고 사랑의 비극을 다룬 청년기의 괴테는 루소로 대표되는 프랑스의 문화적 풍조와는 다른 방식으로 독일 문학의 질풍노도 시대를 열 었다는 평가를 듣는다. 시인으로서 소설가로서 젊은 시절의 괴테 는 불안정한 감정의 이동을 따라 내면에 주목하는 질풍노도의 시 기를 지났다고 할 수 있다.

사실 시인으로서 괴테의 시작은 매우 빨랐다. 그는 이미 열세 살에 첫 시집을 낼 정도로 촉망받는 문학 신동이었다. 스물여섯 살에 바이마르 공화국에서 추밀원 평의원으로 초빙되었던 것은 그가한 해 전에 쓴 《젊은 베르테르의 슬픔》으로 이미 유명세를 얻은 뒤였다. 사랑의 실패로 방황하는 주인공의 감성을 서간체 문체에 담은 이 소설은 당시 독일 독자들은 물론 비평가들까지 매료시켰고, 이 소설을 읽고 자살을 택하는 사람들이 있을 정도로 많은 이들이고통스러운 눈물을 흘리며 베르테르에게 공감했다.

《젊은 베르테르의 슬픔》의 성공은 젊은 괴테에게 현재를 뛰어넘는 작품을 내놓아야 한다는 압력으로 작용했을 것이다. 이 시기그는 바이마르 공화국의 젊은 군주로부터 새로운 제안을 받는다. 스물여섯 살의 전도유망한 청년 문학가 괴테에게서 정치가의 면모를 이끌어 낸 사람은 새로운 문화 중심지로 부상하고 있던 바이마르의 칼 아우구스트 공이었다. 고향인 프랑크푸르트에서 바이마르로 이주한 괴테는 그곳에서 성실하고 능력 있는 관료로 활동한다.

딱딱하고 형식적인 공무는 불안한 청년기의 괴테에게 한동안적합한 방어막이자 도피처가 되어 주었을 것이다. 광산을 개발하거나 행정 업무를 보는 사이 새로운 작품에 대한 부담을 잊을 수있었을 테니 말이다. 관료로서 그의 삶은 생일을 며칠 앞둔 새벽, 사람들의 눈을 피해 도망치듯 여행을 떠났던 어느 날까지, 10여 년이상 계속되었다.

제2의 탄생, 진정한 재생

새벽 3시에 나는 카를바르트를 몰래 빠져나왔다. 그렇지 않았다면 사람들이 나를 떠나보내지 않았을 것이다. 일행은 8월 28일의 내 생일을 진심으로 축하해 주려 했다. 그것만으로도 날 붙잡아 둘 권리를 가진 셈이었다. 그러나 나는 여기에서 더는 지체할 수가 없었다.

─────── 괴테는 평생 수많은 곳을 여행했고 죽기 직전까지도 등산을 멈추지 않았다. 수많은 여행 중에서도 연구자들은 바이마르 공화국의 고위 관료로 평탄한 생활을 하고 있던 37세 때, 생일을 며칠 앞두고 새벽에 집을 빠져나오며 시작된 이탈리아 기행을 가장 중요한 전환점으로 평가한다.

괴테가 남긴 이탈리아 여행의 기록인 《이탈리아 여행》은 바로 우연하고 우발적인 저 출발의 장면부터 시작된다. 이 여행은 1786년 9월부터 1788년 4월까지 1년 9개월에 이르는 긴 여정이었다. 그사이 괴테는 나폴리, 시칠리아, 로마 같은 유서 깊은 도시들을 두루 섭렵했고 특히 로마에는 두 번이나 들렀다. 나폴리에서는 베수비오 화산을 세 번이나 오른다. 독일 출신 화가 요한 하인리히 빌헬름 티슈바인Johann Heinrich Wilhelm Tischbein, 1751~1828의 집에 머물며 그와 함께 공부를 하기도 하고 고고학자를 비롯해 소수의 사람들과 깊은 친교를 맺기도 했다. 티슈바인과 괴테의 우정은 캄

파니아를 배경으로 폐허의 유적지에 걸터앉아 있는 괴테를 주인공으로 한 그림 〈캄파니아의 괴테〉로 남아 있다.

이탈리아에 대한 그의 동경은 이미 어린 시절부터 정해진 것이었다. 사마천이 아버지 사마담의 영향으로 길을 떠났듯 괴테의 여행 역시 아버지의 영향에서 비롯된 것이기 때문이다. 잘 알려져 있지는 않지만 이탈리아를 기행하고 여행기를 남겼던 것은 괴테의 아버지가 먼저였다. 이탈리아에 대한 동경과 여행을 통한 자긍이 얼마나 컸던지 괴테의 아버지는 돌아온 뒤 이탈리아 독자들을 위해 이탈리아어로 기행문을 쓰기도 했다. 아버지 괴테가 이탈리아어로 여행기를 쓸 수 있게 도와준 이탈리아어 가정교사는 어린 괴테도 가르쳤다.

괴테의 아버지는 자신의 서재를 로마 전경이 담긴 그림과 여정을 알 수 있는 지도, 이탈리아에서 가져온 대리석과 광물 모형으로 장식해 두었다고 한다. 가정교사와 함께 아버지의 서재에서 공부했던 괴테는 이탈리아로 오라는 이 장식품들의 신호를 피할 수 없었을 것이다. 괴테는 말년에 쓴 자서전 《시와 진실》에서 아버지의 서재를 다음과 같이 묘사한다.

집에서 가장 내 시선을 끌었던 것은 손님용 응접실을 장식하고 있던 로마의 풍경을 담은 동판화였다. 아버지가 손수 장식한 이 동판화들은 피라네제의 선배뻘인 능숙한 화가들의 작품으로, 구성 양식이나 원근법의 수준이 높고 필치가 정확했다. 그곳에서 나는 매일 로마의 곳곳들 즉 포폴로 광장, 콜리세오, 베드로 광장, 베드로 사원의 안과 밖, 엔젤스부르크 등을 보았다. 이 장면들은 나에게 오랫동안 깊은 인상으로 남았다.

괴테는 아버지가 때때로 이탈리아에서 가져온 조그마한 대리석과 박물관의 표본들을 보여 주었다고 기억한다. 괴테의 아버지는 자신의 여행기를 몹시 아꼈던 것 같다. 괴테 자신의 기록에 따르면 그의 아버지는 대부분의 시간을 자신이 이탈리아어로 쓴 여행기를 장별로 직접 장서하고 편집하는 데 보냈다고 한다.

이탈리아에 대한 아버지와 자신의 동경을 괴테는 작품 안에서 여러 방식으로 표출한다. 예를 들어 《빌헬름 마이스터의 수업시대》에는 연극을 위해 집을 떠났던 상인의 아들인 주인공 빌헬름이 할아버지가 이탈리아에서 수집한 회화와 소묘, 동판화들을 팔아 버렸다가 나중에 결혼하게 될 여인 나탈리에의 집에서 다시 발견하는 대목이 나온다. 아버지 서재 속 이탈리아와 자신이 경험한 이탈리아를 다양한 작품에서 활용하고 있는 것이다.

자연의 관찰과 보편 우주의 자각

10여 년의 공직 생활은 안정적이고 또 성공적이었지만 아마 이 안정과 성공이 작가로서의 괴테를 불안하게 했을 것이다. 공직의 성공적 수행이 그의 예술적 감성을 어떻게 막았을지 상상할 수 있다. 결국 그는 어느 날 새벽 사람들의 시선을 피해 도망치듯 집을 떠난다. 그는 후에 자서전을 통해 '나는 이탈리아에서 다시 태어났다'고 말한다. 그리고 그 재탄생은 감정을 중심으로 하는 질풍노도의 스타일에서 절제된 형식을 추구하는 고전주의로의 전환으로, 또한 자연에 대한 근원적 통찰로 나타났다. 이 여행으로 인해 괴테는 고대 예술을 통해 고전주의의 정신으로 회귀했다는 평가를 받는다. 또 식물의 변형에도 관심을 두고 원형 식물에 대해 연구하기도 한다.

이 전환에 토대가 된 것은 '관찰'이었다. 여행 전부터 자연과학에 관심을 가졌던 괴테는 광산을 감독하면서 지질학을 연구하기도 하고 비교 해부학에 흥미를 보이기도 한다. 이탈리아 여행은 자연에 대한 그의 관심을 실현할 수 있는 좋은 기회였다. 괴테는 이 여행에서 상상을 배제하고 사물을 있는 그대로 보고자 했다. 실제로 《이탈리아 여행》에서 건축이나 조각, 회화 같은 예술 작품뿐 아니라 천문, 지리, 동식물, 도시 등에 대한 섬세하고 객관적인 관찰을 발견할 수 있다.

자연을 활동하는 유기체로 생각했던 괴테는 다양한 자연현상 속에서 유기체적인 통일성을 발견했다. 괴테에게 생명의 통일적인 힘으로서의 자연은 그대로 예술성의 표출이자 질서의 발현이었다. 그는 항상 변화하며 예측 불가능한 자연현상을 관찰하면서 그 배후에 통일적인 질서와 우주적 보편성이 실재한다는 사실을 감지

한다. 예술 작품 역시 한 작품의 개별적이고 우연적인 조건을 넘어 거대한 역사의 흐름 속에서 파악하고자 했다.

변화하는 현상 세계의 배후에 근원적이고 통일적인 보편적 세계가 있다는 발상은 이후 《파우스트》를 비롯한 후기 작품의 토대가 된다. 다양한 자연현상과 예술 작품을 관찰하고 사색할 수 있었던 이탈리아 여행으로 괴테는 보편적인 우주의 관점에서 인간과 자연의 다양성과 복잡성을 파악하게 된 것이다. 개체를 전체와의 관계에서 바라보게 되자 '전통'에 대한 자각과 환기가 뒤따르게 된다. 작품 경향 역시 절제 있는 형식과 조화를 강조하는 고전주의로 향하게 된다.

근대적 인간의 탄생, 파우스트

──────── 괴테의 여행이 남긴 가장 본질적인 흔적은 아마도 그의 주저 《파우스트》에 담겨 있을 것이다. 《파우스트》는 예술, 종교, 과학, 자연과학, 정치, 경제 등 모든 분야를 담은 총체적 문학 작품으로, 괴테 자신의 자기 고백이면서 동시에 우주에 관한 서사시라고 할 수 있다. 이 작품은 잘 알려진 대로 구상에서 완성까지 60여 년이나 걸린 필생의 역작이자 대작이다.

괴테는 1790년에 《파우스트 단편》을 쓴 이래로, 이를 바탕으로 1808년에 1부를, 그로부터 23년이나 지난 1831년에 2부를 완성한다. 그러니 이 작품에는 괴테의 변화와 성장의 역정이 담겨 있다고 해도 과언이 아니다. 60여 년에 걸쳐 완성된 이 작품에서 사람들은 청년기의 괴테부터 노년기의 괴테까지 한 문학가의 문학적 성장뿐 아니라 괴테가 겪은 유럽의 예술과 사상의 전환들을 찾아낸다.

주인공 파우스트 박사는 괴테 자신이자, 변화하고 있는 근대적 인간, 무엇보다 다양한 변화를 통해 생명력을 얻어 가던 유럽적 인간을 대표한다. 모든 것을 알고자 했지만 좌절하고 그 절망으로 죽음을 택하려던 노년의 파우스트 박사는 자신의 서재에서 악마 메피스토펠레스를 만난다. 메피스토펠레스는 젊음을 제안하며 파우스트 박사의 영혼을 원한다. 파우스트 박사는 결국 악마와 내기를 하며 자신의 영혼을 젊음과 바꾼다. 이렇게 얻은 젊음으로 파우스트는 그토록 원했던 세상의 모든 지식을 추구하는 한편 여인들을 만나 사랑을 나누기도 하고, 거대한 사업을 벌이기도 하며 인간 세상의 변화들을 경험한다.

다시 젊음을 얻은 파우스트는 행복했을까? 젊음의 열정으로 여인들과 사랑에 빠지고, 바라던 대로 지식을 추구하는 삶 속에서 그는 만족스러웠을까? 그랬던 것 같지는 않다. 차라리 그는 고통스러운 사람에 가깝다. 그에게 새로운 가능성을 제공할 수 있는 젊음을 얻었음에도 불구하고, 그의 고통은 멈추지 않았던 것이다. 그를 고통스럽게 한 것은 지식의 양이나 범위가 아니었기 때문이다. 그보다는 차라리 파우스트가 추구한 지식의 종류 때문이라고 해야 한다. 파우스트가 그토록 원했던 것은 우주에 대한 직접적이고 직관적인 지식이었다. 그러나 이런 지식은 신에게나 가능했을 것이다. 그렇다면 파우스트는 신이 되고 싶었는지도 모른다. 이 열망이 그를 고통스럽게 한다. 아무리 젊어도 인간인 한, 결코 채울 수 없는 욕망이기 때문이다.

파우스트는 이 열망으로 불행했지만 동시에 이 열망 때문에 멈추지 않을 수 있었다. 사람들은 불가능한 꿈을 좇는 이 인물을 근대적 인간의 한 전형으로 여긴다. 과거에는 신을 부정하는 것이 악이며 죄고 복종하는 것이 선이었다면, 파우스트가 보여 주는 근대적 인간은 신 앞에서 안주하는 것이 죄악이고 도전하는 것이 선임을 보여 준다. 여기서 선악은 전도된다. 근대적 인간에게 복종과 안주는 도리어 죄가 되고, 차라리 도전하고 부정하는 것이 선이 된다. 주어진 자리, 만들어진 세계에 멈추는 것이 아니라 도전하고 창출하며 벗어나려 하는 모든 시도들이 괴테가 창조한 파우스트에게 '근대적'이라는 표지를 제공한다.

이 때문에 파우스트는 '영원한 탐구자ewiger Sucher'로 불리며, 이성을 통해 미래를 기획하는 근대적 인간의 전형으로 평가받는다. 여행가 괴테 자신이 '영원한 탐구자'였다는 것은 분명하다. 멈추지 않는 탐구, 고통 속에서도 포기하지 않는 무모한 도전이 없었다면 괴테도,《파우스트》도 세상에 남지 않았을 것이다.

갇히지 않는, 멈추지 않는

현대인의 삶은 자주 유동성을 담은 단어로 표현된다. '유목민'이나 '유랑자'를 뜻하는 노마드 nomad는 디지털 기기의 지원 속에서 끝없이 이동해야 하는 현대인의 삶의 조건을 가장 잘 표현하는 개념 중 하나다. 시간도 흐르지만 공간도 유동한다. 정주하거나 고정된 삶은 낙오되거나 시대착오적인 방식으로 보인다. 그러나 이 삶의 유동성에 진정으로 환호를 보낼 수 있는 이들은 어쩌면 이동통신사나 태블릿 피씨 제조회사뿐인지도 모른다.

디지털 환경과 이동 수단의 혁신이 주는 쾌감은 잠시뿐, 마취가 끝나면 우리는 깨닫는다. 이동의 자유가 노동을 줄여 주지 않으며, 사실 더 촘촘하게 노동하도록 만든다는 것을 말이다. 만약 스마트폰에 대용량 파일을 전송하는 기능이 없다면 우리는 퇴근 후 다급한 상사의 명령으로 횡단보도 앞에 멈춰 서서 기획서를 보낼 필요가 없을 것이기 때문이다. 이런 타율적인 유동하는 삶 속에서 우리는 진짜 유동하는 삶을 꿈꾼다. 자발적 의지에 의해, 자발적 방식에 의해 떠나고 이동하고 머무는 그런 삶을 말이다. '갇혀 있는 자'가 아니라 스스로 '찾아 나서는 자'가 되는 그 순간을 말이다.

다시 사마천과 괴테에게 돌아간다. 여행은 이들에게 무엇을 남겼는가? 사마천도 괴테도 현실 혹은 현재를 초과하는 의지를 가진 인물들이었다. 현재에 머물 수 없으며, 갇힐 수 없는 모종의 초과적인 의지가 없었다면 이들은 여행을 떠나지 않았을 것이고, 여행을 떠났다 해도 이를 작품 안에 담지 못했을 것이다. 여행은 이 초과하는 의지에 대한 자기 보상의 방법이 아니었을까. 이들은 우연한 여행자, 자유로운 방랑자, 용감한 모험가가 아니라 현재를 넘어서려는 의지로 글쓰기의 자원을 찾아 낯선 길에 나선 지적 탐구자들이었다.

사마천도 괴테도 자신의 삶, 인간, 사회, 자연, 우주에 대해 끝없이 질문했고 여행에서 쌓은 관찰과 경험, 교류를 통해 그 답변을 찾고자 한 사람들이었다. 여행은 스스로 변화를 만드는 광자狂者가 택한 삶의 한 방식이었을 것이다. 여행은 현실을 초과하는 의지를 가진 광자들을 위해 마련된 훈련의 과정임에 틀림없다.

현실에 만족하는 사람에게는 여행이 필요 없을 것이다. 현재의 삶의 방식과 조건이 자신에게 꼭 맞아 조화와 균형을 이루고 있다면, 낯선 곳을 떠돌아야 하는 유동하는 삶은 두려운 선택일지도 모른다. 가능하기만 하다면 이성의 빛을 따라 마음의 평정을 추구한 스토아 철학의 이상을 현실에서 실현하는 것이 유동하고 이동하는 삶보다 바람직할지도 모른다. 그럼에도 불구하고 머무는 삶이 두렵다면 그것은 어쩌면 나쁜 조건에 갇혀 버리는 것에 대한 두려움일 가능성도 있다. 질문이 시작된다. 삶이 안정되고 만족스러워도 여행이 계속될까?

그러나 그 어떤 만족과 균형 속에서도 유동하는 삶을 택할 사람들이 있을 것이다. 무엇에도 만족하지 않는 '과잉의 의지'를 가진 사람들 말이다. 그 어떤 상황에서도 정주를 두려워하는 사람, 한곳에 오래 머물면 화석처럼 굳어지는 사람이 분명 있을 것이다. 여행은 그런 이들의 삶을 작동하게 하고 유지되도록 하는 자기 긍정의 방법이 된다.

다만 한 가지 분명한 것이 있다. 목표 없는 유동, 지향 없는 이동을 감당하는 것 역시 쉽지 않다는 것이다. 사마천이나 괴테 같은 초과적인 의지의 소유자들이 역사에, 문학에 이름을 남긴 것은 그 의지를 방향 없이 발산하지 않고 무엇인가 가치 있는 곳으로 수렴했기 때문이다.

모든 여행이 지적 답사일 필요는 없을 것이다. 무엇인가 깨달아야 한다는 강박은 그 어떤 물건보다 무거운 여행의 짐일 수도 있다. 그럼에도 불구하고 역사에 이름을 남긴 광자들은 자신을 부정하는 힘과 싸우며 무거운 발걸음을 뗀 자기 운명의 주인공들이었다. 그들이 떠돌았던 모든 길은 견문을 넓히는 지적 즐거움이나 새로운 것과 아름다운 것에 대한 매혹을 넘어서는 도전의 길이고 구도의 길이었을 것이다. 이들로부터 배울 것이 있다면 무엇이 나를 부정하는 힘인지 모르는 사람, 싸우는 것이 아니라 도피하는 사람, 발걸음을 가볍게 하기 위해 남에게 삶을 맡기는 사람에게 여행은 그저 유희일 뿐이라는 것이다.

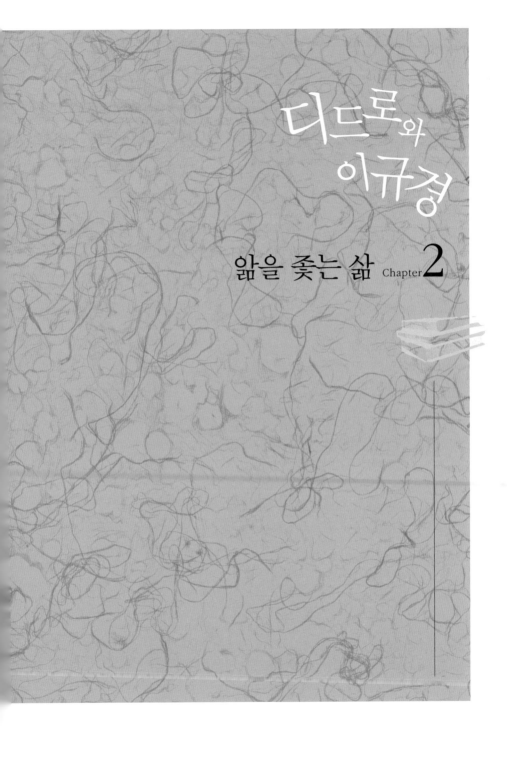

디드로와 이규경

앎을 좇는 삶 Chapter 2

우리는 여전히 모든 것을 컴퓨터에 맡기지 않은 채 앎을 추구한다. 그리고 누군가는 스스로 모으고 정리하고 분류한다. 아직도 어디엔가는 성공을 향한 강박적인 앎의 추구가 아니라, 소유하고 향유하기 위해서가 아니라, 영혼에 새겨진 본성의 길처럼 지식을 추구하고 동시대인들과 미래를 위해 삶의 열정을 바치는 그런 지식벽의 소유자가 있을 것이다. 비록 나중에 빛나더라도, 심지어 빛나지 않더라도, 열정이 아닌 것은 아니다.

수집벽, 장서벽 그리고 지식벽

우리는 주변에서 무엇인가를 열정적으로 추구하고 평생 그 일에 헌신하는 사람들을 종종 볼 수 있다. 예를 들면 우표나 병뚜껑, 옛날 장난감 같은 것을 모으는 수집가들이 대표적이다. TV 프로그램에 등장하는 수집가들의 열정과 헌신은 아무것도 수집하지 않는 보통 사람들의 일상을 무미건

조한 낭비로 느껴지게 한다. 왜 어떤 이들은 한 가지에 그토록 엄청난 열정과 시간을 쏟아붓는 것일까.

수집의 열정을 설명하는 방법은 수집가의 숫자만큼이나 다양하겠지만, 모든 종류의 수집가들을 관통하는 어떤 특성을 찾는 것은 어렵지 않다. 대부분의 수집가들이 '많음'에 만족하지 않는다는 점, 그리고 그들에게 시간과 돈을 쓰게 만드는 동력 중 하나는 '갖추어 놓음'이라는 것이다. 거의 무한에 가까운 '전체'에 대한 욕구, 혹은 '모든 것'에 대한 끊을 수 없는 지향이 없다면 수집은 어떤 한도에 멈출 수밖에 없을 것이다. 그렇게 본다면 한 가지에 집중하는 이들은 어쩌면 영원히 이룰 수 없는 전체 혹은 모든 것에 대한 욕구와 싸워야 하는 모종의 질병에 걸려 있는지도 모르겠다.

온갖 애호와 수집의 사례 가운데서도 '가장 고귀한 질병'이라는 평가를 들으며 나름의 찬탄과 경외를 받는 경우가 있다. 바로 책을 모으는 장서가藏書家들이다. 미국의 칼럼니스트 니콜라스 A. 바스베인스가 쓴 《젠틀 매드니스》1995라는 책은 점잖게 미친 '비블리오매니아' 즉 애서광에 관한 놀라운 보고들을 담고 있다. 이 책에는 고대부터 20세기까지 책에 미친 사람들의 이야기가 수없이 쏟아져 나온다.

예를 들어 토머스 제퍼슨 피르패트릭이라는 애서광은 50여 년간 책을 수집했고 결국 건물이 감당할 수 있는 하중의 여덟 배나 많은 약 90톤의 책을 보관하고 있다가 시로부터 건축법 위반 통보를 받았다고 한다. 또 윌마스 셸던 루이스라는 미국 시골의 한 지

디드로와 이규경

주는 평생 18세기 작가 호레이스 월폴Horace walpole, 1717~1797에 관한 자료를 모으기 위해 상당한 재산을 쏟아부었다고 한다. 그 밖에도 사람 가죽으로 책의 장정을 입힌 사람, 마지막 돈으로 빵 대신 책을 사서 자신의 다락방에 돌아와 결국 굶어 죽은 19세기 프랑스 철학자 등등 이 책에는 수없이 많은 애서광들의 사례가 소개되어 있다.

그중에서도 책에 대한 광기에 가까운 집착과 헌신의 최고봉은 미국 전역 268개 도서관에서 2만 3600여 권의 희귀본을 훔쳐 19톤에 달하는 장서로 구축한 뒤, 자신의 이름을 붙인 컬렉션을 만든 미국의 책 도둑 스티븐 블룸버그일 것이다. '지금껏 세상에 알려진 가장 뛰어난 책 도둑'이라는 평가를 받았던 블룸버그는 20여 년간 미국 전역의 도서관을 돌며 책을 훔쳤고 식별 코드들을 떼어 낸 채 자기 방식으로 보관했다. 경보 장치가 없었던 한 대학 도서관에서는 며칠에 걸쳐 마음껏 책을 훔쳐 나오기도 했다고 한다.

미국 법무부는 그에게 5만 6000달러의 현상금을 걸어야 했다. 결국 15년 지기 친구가 제보함으로써 1990년 3월의 어느 새벽, 그의 평생에 걸친 책 수집-절도 프로젝트는 종결되었다. 체포된 뒤 그는 범행, 아니 수집 동기가 미국의 문화유산을 훼손으로부터 지켜야 한다는 의무감이었다고 진술한다. 바로 그 때문에 블룸버그는 자신이 단순한 정신병자로 취급되어 풀려나기를 원치 않았다고 한다. 결국 도둑질이었지만, 평생을 들인 열정이요, 예술에 가까운 수집이었다는 점 때문에 그의 체포 이후 많은 사람들이 기꺼이 블룸버그의 팬을 자처했다.

상당한 장서량을 보유한 장서가나 학자들은 종종 가진 책을 모두 읽었냐는 질문을 받곤 한다. 그러나 책 수집과 독서는 다른 문제다. 장서가가 곧 사상가나 학자가 되는 것은 아니다. 학문적 식견이 있어야 중요하고 귀한 책을 모을 수 있겠지만 그렇다고 모아놓은 책이 그대로 사상이나 학문이 되기는 쉽지 않다. 물론 《장미의 이름》으로 잘 알려진 이탈리아 출신의 기호학자이자 철학자, 역사학자, 소설가인 움베르토 에코를 보면 엄청난 장서가이면서 뛰어난 학자가 되는 것이 불가능하지는 않은 것 같다. 움베르토 에코는 집과 연구실에 약 5만여 권의 장서를 보유하고 있다고 한다. 책이 많다는 인사를 받으면 그는 '읽은 건 하나도 없다. 다 읽었으면 뭐하러 여기 두겠는가'라며 너스레를 떨었다고 한다.

책뿐 아니라 지식을 수집하고 분류하는 사람들도 있다. 학자들이다. 학문을 택한 사람들은 대체로 성실한 공부벌레일 가능성이 높고, 한 분야에 평생 헌신한 성실한 학자들인 경우가 많다. 예를 들어 독일의 합리주의 철학자 라이프니츠Gottfried Wilhelm Leibniz, 1646~1716 역시 세상의 모든 지식을 집대성하려는 열망을 품은 사람이었다. 그는 형이상학과 논리학, 인식론 같은 전통적인 철학 연구 외에도 미적분의 기초를 놓은 수학자였으며, 생물학과 의학, 지질학에 조예가 깊었고 보편 언어에 대한 관심 때문에 중국어를 연구하기도 했다. 라이프니츠는 실제로는 성공하지 못했지만 세상의 모든 지식을 집대성하고자 했던 박학자의 전형이라고 할 수 있다.

그러나 이런 식의 학문적 체계화는 이 장에서 다룰 일종의 '지식벽'과는 다른 듯하다.

장서벽을 가진 장서가들이 책을 모으듯, 지식벽을 가진 사상가들은 모으고 정리하고 분류하고자 하는 욕구를 가진 이들이다. 지식벽의 소유자들은 자신만의 독창적 학문을 추구하기보다는 '세상의 모든 지식'과 그 뿌리를 규명하기 위해 삶의 자원과 열정을 집중하기 때문이다. 역사상 수많은 사상가들 가운데 어떤 이들은 책과 같은 대상이 아니라 지식을 수집하고 분류하며, 나름의 방식으로 배열하고자 한다. 그리고 어떤 이들은 단순히 '많은' 지식이 아니라 기원에 대한 탐구, 전체에 대한 통찰을 추구한다. 이 장에서 만날 사상가들은 평생에 걸쳐 시대가 요구하고 자신이 동의하는 지식의 분류와 정리를 완성하기 위해 노력한 이들이다.

세상의 모든 지식을 향하여

세상의 모든 지식을 향한 열정 즉 지식을 모으고 분류하고 정리하는 지식벽이라면 누구나 쉽게 떠올릴 단어가 있다. '백과전서encyclopedia'다. 원cycle 안en에 보편적 교양paedeia을 담는다는 의미를 담고 있는 백과전서는 말 그대로 당대에 집적된 다양한 지적 자원들을 분류하고 조직하며 현실에서 사용할 수 있는 수준으로 정리해 내는 작업이라고 할 수 있다. 지식을 집적하고 정리하려는 욕망은 모든 시대를 관통한다. 형태와 이름은 달랐지만 백과전서는 동서고금의 모든 시간, 모든 공간에 존재했다고 할 수 있다. 백과전서의 요구는 특히 변화의 시대에 두드러진다. 대체로 정치적, 사회적 변화의 시기에 당대까지 축적된 지식을 모종의 체계에 따라 집적하고 나름의 독자적인 체계로 분류하려는 시도가 있었다. 특히 이런 노력들은 개인의 열정보다는 시대적 요청에서 비롯된 경우가 많다.

동아시아에도 오랫동안 일종의 백과사전이라고 할 수 있는 '유서類書'의 전통이 이어져 왔고, 전서全書, 총서叢書 등 당대에 수집할 수 있는 모든 책을 모으려는 정치적 기획이 시도되기도 하였다. 국가적 차원에서 지식의 집적은 지식의 체계에 대한 국가의 권위를 유지하고 지식 생산에 기여하는 지식인들을 통제하기 위한 중요한 정치적 수단이었다. 청나라의 황제가 기획한 중국 최대 규모의 총서인《사고전서》가 그 예일 것이다.《사고전서四庫全書》란 만주족이 세운 청나라가 한인 지식인들을 회유하는 한편, 문화적 토대를 닦아 오랑캐의 이미지를 씻고 정치적 정당성을 확보하기 위해 만든 중국 최대 규모의 유서로, 1773년건륭 38에서 1782년까지 총 3503종 7만 9337권의 방대한 총서로 완성된 야심 찬 국가적 기획 사업이었다.

그러나 이런 국가적 기획 역시 지식의 축적이라는 시대적 조건이 마련되지 않았다면 시도될 수 없었을 것이다. 그런 맥락에서 유서 편찬과 같은 지식의 집적을 국가 차원의 정치적 문제로만은 볼 수 없다. 아무리 지식이 넘쳐나는 시대라도 이를 모으고 분류하고 정리하려는 사명을 스스로 지는 사람이 없다면 백과전서는 세상에 나오지 못했을 것이다. 국가의 정치적 기획과도 상관없고, 지식의 확장과 세분화라는 시대적 조건과도 관계없이 오직 자신이 알고자 하는 바를 끝까지 추적하고, 다른 이들을 위해 이를 정리하는 사람 이 없다면 지식의 축적은 관공서의 보고서 수준을 넘을 수 없을지 모른다. 그래서 우리는 어느 시대에서도 지식의 보고가 아니라 체계적 정리를 위해 헌신한 백과전서주의자들을 만날 수 있다. 그중 에서도 특히 18세기 계몽주의자들이라면 시대의 지적 요청에 응답함으로써 아예 시대를 바꾸고 사회를 전환시켰다는 평가가 어울 릴 듯하다.

빛을 향한 도전의 시대

낡은 정치와 종교의 권위를 뚫고 오직 이성의 빛에 의거해 세계를 이해하려 했던 18세기 유럽의 계몽주의자들 대부분이 백과전서파로 분류되는 것은 우연의 일치가 아니다. 이성의 합리적 사용이 인간을 진보시킬 것이라는 믿음으로, 권위 그 자체였던 국가나 교회를 넘어섰던 유럽의 18세기를 보통 계몽주의의 시대라고 부른다. 계몽주의자들은 인간의 지식이 이성을 통해 오류의 범위를 좁혀 나가며 궁극적으로는 완성에 이를 수 있다고 믿었다.

칸트의 표현을 빌린다면 이성을 공적으로 사용할 수 있는 자유를 통해 '미성숙한 상태로부터 탈출'시킨다는 '계몽'을 향해 약진하던 18세기 유럽 국가들 중에서 가장 가시적인 성과와 형식을 보여 준 것은 프랑스였다. 계몽주의에 대한 프랑스의 지분에서, 아마도 가장 큰 비중을 차지하는 것은 디드로, 달랑베르, 돌바크 같은 이른바 '백과전서파'들일 것이다. 이들은 흩어진 지식을 모아 동시대인들에게 지식들의 보편적 체계를 설명하고 이를 후세에 전해 주기 위해 백과전서를 집필했다.

백과전서의 작업과 그 결과는 18세기 계몽주의 시대 유럽의 지적 지향과 상황을 압축적으로 보여 준다. 혁명기 직전의 유럽에서는 여전히 작동하는 절대왕권과 교회의 권위를 구체제로 밀어 버릴 새로운 개혁의 토대가 만들어지고 있었다. 인간 이성을 통한 인류의 진보를 믿었던 계몽주의자들에게 꼭 필요했던 것은 대담한 비판정신이었다. 이미 축적된 지식을 분류하고 정리하는 것만으로는 진보에 이를 수 없기 때문이다. 백과전서의 핵심 인물인 이번 장의 주인공 드니 디드로는 백과전서가 오직 철학자의 시대에나 완성될 수 있다고 생각했다. 백과전서의 집필은 단순히 지식을 분류하는 과정이 아니라 당대의 모든 지식을 재검토하는 대담한 비판정신의 구현이기 때문이다.

이런 맥락에서 디드로, 볼테르, 루소와 같은 백과전서의 집필자들이 동시에 계몽주의 철학자라는 점은 자연스러운 결과라고 할 수 있다. 이들은 문인이자 철학자였으며, 예술평론가들이기도 했다. 이들에게 어떤 이름을 붙인다 해도 대부분의 백과전서파들이 종교, 제도, 정치, 사회적 편견들에 맞서서 사상적으로 대결했고 권위에 쉽게 굴복하지 않았다는 점은 분명하다. 백과전서는 이성을 통해 미성숙의 상태를 벗어나려는 합리적 노력이 국가나 교회 혹은 지식인 등에 한정되지 않고 모든 이에게 책무로 주어지기 시작한 18세기 유럽의 '계몽주의'의 지적 지향을 상징적으로 보여 준다. 백과전서가 곧 계몽주의 정신의 실질적 구현이었던 것이다.

가난한 어느 보헤미안의 지적 여정

백과전서는 새로운 시대를 향한 기운과 기대로부터 자라난 사상의 나무라고 할 수 있다. 21년이 소요된 백과전서 작업에 참여했던 수많은 사람 가운데 가장 중심에 선 인물이 바로 디드로다. 디드로는 지식이 폭발적으로 증가하는 시대에 태어나, 지식을 추구하는 하나의 전형을 시도한 사람일 것이다.

18세기 프랑스의 철학자이자 소설가였던 드니 디드로Denis Diderot, 1713~1784는 1713년 파리 남동쪽 샹파뉴 주에 속한 도시 랑그르에서 철물 제조업을 하던 집안의 오남매 중 장남으로 태어났다. 아버지 디디에 디드로는 주로 외과용 메스나 가위를 만들었는데 솜씨가 뛰어났다고 한다. 그의 아들 디드로는 열 살 때 예수회 학교에 들어갔고 신부가 되어 성직자였던 외삼촌의 성직을 물려받으려 했지만 결국에는 성직을 포기했다. 후에 디드로는 철학으로 학위를 받았고, 1732년에는 파리에 있는 다르쿠르 학교Collège d' Harcourt에 입학해 법학 공부를 시작한다. 그러나 법학 역시 디드로의 지적 성향을 만족시킬 수는 없었다. 그는 2년 뒤인 1734년에 작가가 되기로 결심하고 라틴어와 그리스어, 수학 등을 공부하는 데 시간을 보낸다.

그러나 이 선택은 그를 궁지로 몰았다. 아버지는 전문적 직업인이 되기를 포기한 아들에게 크게 실망해서 생활비를 끊어 버린다. 그 이후 '가난'이 디드로가 택한 보헤미안적 자유인의 삶에 부수적 효과로 따라왔다. 끼니를 걱정하던 삶이 계속되었고 방세를 내지 못해 쫓겨나면 마부에게 사정해 마구간에서 잠을 청하기도 했다. 개인 교습을 하거나 설교문을 대신 써 주며 얻은 적은 수입으로 버티는 생활이 10여 년간 계속되었다. 그가 정착한 것은 가난한 수예점 딸인 앙투아네트 샹피용Antoinette Champion과 결혼한 이후였다.

디드로보다 세 살 많았던 그의 아내는 신분도 낮았지만 당시 결혼에 일반적이었던 지참금조차 가져올 수 없을 정도로 가난했기 때문에 그의 결혼은 디드로의 아버지를 더욱 화나게 만들었다. 아버지는 심지어 결혼 허락을 받으러 간 디드로를 감금하기까지 했다. 그러나 디드로는 뜻을 굽히지 않고 1743년 그녀와 결혼한다.

물론 결혼이 그의 보헤미안적 기질을 크게 바꾸어 놓지는 못했다. 여전히 그는 일을 하는 대신 아내가 주는 얼마 안 되는 용돈으로 지식인과 부자가 모여드는 카페에 나가 재담을 늘어놓는 데 시간을 보냈고, 결혼한 지 2년 만에 유부녀였던 퓌지에Puisieux 부인과 교제를 시작했다. 루소, 달랑베르, 콩디약 같은 사상적 동지들과의 만남 역시 이 시기에 시작되었다. 그의 나이 서른둘이었다.

그러나 그의 재능이 빛을 발하는 순간 역시 이 시기에 찾아왔다. 디드로의 공식적인 지적 행보는 번역에서 시작된다. 당시 디드로는 아담 스미스의 사상적 선배였던 스코틀랜드 도덕철학자 샤프츠베리Anthony Ashley Cooper Shaftesbury, 1671~1713의 《공적과 미덕에 관한 시론》 등을 프랑스어로 번역하며 생계를 이었다. 그가 가난에서 벗어난 계기가 있었다. 1746년에 영국에서 성공을 거둔 한 백과사전의 출판권을 딴 프랑스 출판업자가 목돈을 주며 디드로와 달랑베르에게 사전 출판의 책임을 맡긴 일이었다.

그러나 그 뒤에도 디드로의 삶이 평탄해졌다고 보기는 어려울 것이다. 이후 디드로는 무신론적 성향을 띤 철학적 저작들을 발표했고, 이 때문에 당국의 주목을 받다가 결국 1749년 7월에 그의 저서 《볼 수 있는 사람을 위한 맹인에 대한 서한》이 미풍양속을 해친다는 이유로 뱅센느 감옥에 투옥되었다. 디드로는 사흘간 자신의 저술이 아니라고 부인했지만 마침내 반성문을 쓰며 사실을 인정했고, 11월이 되어서야 감옥에서 나올 수 있었다. 석 달여의 투옥 생활 후 출소하면서 그는 프랑스에서 어떤 작품도 출판하지 않을 것을 결심한다.

계속되는 다양한 탄압과 금서 조치 등이 그의 길을 막았지만 백과전서를 완성하려는 그의 노력과 열정을 모두 소진시킬 수는 없었다.

새로운 시대, 지식의 책

───── 디드로와 달랑베르가 책임 출판한 백과전서는《백과전서 혹은 과학과 예술, 기술에 관한 체계적인 사전Encyclopédie ou Dictionnaire raisonné des sciences, des arts et des métiers》을 줄여서 부르는 이름이다. 이 책의 출판에 토대가 된 것은 '번역'이었다. 디드로와 달랑베르가 책임을 맡은 백과전서는 본래 1728년 런던에서 출판되어 상업적으로 성공을 거둔 이프레임 체임버스의《백과전서 : 예술과 과학 대사전Cyclopaedia : An Universal Dictionary of Arts and Science》을 프랑스어로 번역해 출판하려는 한 출판업자의 기획에서 시작되었다. 그러나 이 사전에 프랑스의 지적 유산들이 상당히 포함되어 있음을 알게 된 디드로와 동료들은 번역을 하느니 차라리 새로운 사전을 출판하는 쪽으로 방향을 바꾼다. 디드로는 전체적인 기획과 편집을 담당하며 특히 철학과 기술 분야를 책임 집필했고, 달랑베르는 수학과 자연과학 관련 항목을 집필했다.

이 기획에 처음으로 참여한 사람은 디드로가 아니라 달랑베르였다. 반대파의 공격을 이기지 못하고 1758년에 백과전서 출판에서

손을 떼긴 했지만, 달랑베르는 1745년 디드로보다 먼저 르 브르통이라는 출판업자로부터 백과전서 집필에 참여해 달라는 제안을 받는다. 다음 해에 디드로가 합류하면서 프랑스판 백과전서의 기획이 본격화되기 시작했다. 서른셋에 처음으로 백과전서 작업에 참여한 디드로는 백과전서의 출판에 헌신하는 사이 오십 대 중반에 이르게 된다. 1751년에 1권이 출판된 뒤 완간될 때까지 20년이 넘게 소요되었기 때문이다.

백과전서 출판에 들어간 시간의 양은 사실 백과전서가 포괄하는 지식의 양에 비례하는 것이기도 하지만 백과전서의 출판에 반대하는 세력과의 갈등에 비례하는 것이기도 하다. 백과전서의 출판을 가장 강력하게 반대한 것은 예수회 등 교회 측이었다. 백과전서에는 기독교에 반하는 내용 등 다양한 입장과 이론이 담겨 있었기 때문이다. 교회 측에 보조를 맞추기 위해 정부 역시 출판을 금지하거나 원고를 압수한다는 명목으로 가택을 수사하는 등, 다양한 방식으로 백과전서 출판을 탄압했다.

그러나 시련과 탄압에도 불구하고 백과전서는 21년 뒤에 17권의 본문과 11권의 도해로 이루어진 전집으로 완간되었다. 백과전서에 참여한 집필진은 180여 명에 이른다. 가장 많은 항목을 집필한 사람은 조쿠르라는 사람으로, 17만 항목 중 무려 6만 8000여 항목의 집필을 책임졌다고 한다. 그는 10여 명의 비서진을 두고 밤낮없이 집필에 매달리다 집까지 팔았을 정도라고 한다. 물론 충분한 원고료를 받지 못했던 조쿠르는 사비로 비서를 고용해야 했다. 지식에 대한 열정으로 사재를 털어 나갔던 것이다.

사실 백과전서에 특색을 부여하는 것은 지식의 축적과 그 방식이 아니라 그 지식의 범위를 지정하고 용도를 결정하는 '계몽주의'라는 시대 자체라고 할 수 있다. 디드로와 달랑베르의 백과전서는 복잡하고 다양한 세부 내용을 가진 지식들을 모으고 이를 알파벳순으로 분류한다. 이런 시도는 종전에 없었던 것이다. 의학사전 같은 다른 백과전서들이 주제에 따른 지식의 '일부'만을 다루었다면 디드로의 백과전서는 '모든' 분야의 지식을 담고 있을 뿐 아니라, 사용자가 정보와 지식에 쉽게 접근할 수 있도록 알파벳순으로 분류했다는 점이 특징적이다. 디드로와 그의 동료 달랑베르는 책의 제1권을 당시 가장 권위 있는 주제인 '신'이 아니라 철자순에 따라 'atmosphere'라는 단어에 할당한다.

이런 구성은 누구든 쉽게 원하는 정보에 접근할 수 있게 할 뿐 아니라 전통적인 지식의 위계와 체계를 뛰어넘을 수 있게 해 준다. 이미 결정된 학문의 체계가 지식의 구조와 순서를 정하는 권위를 지니고 있었다면, 알파벳순의 백과전서는 누구든 자신에게 필요한 정보에 우선권을 두고 원하는 지식을 얻을 수 있게 해 주기 때문이다. 알파벳순으로 나열된 지식은 지식의 주도권을 지식의 체계에서 사용자의 필요로 옮겨 놓는 역할을 한다. 그런 의미에서 백과전서는 자신의 이성을 통해 스스로 생각하라는 계몽주의의 표어를 현실화할 수 있는 도구였던 것이다.

자연과 생명에 대한 낯선 상상

            20년이 넘게 교회와 정부의 탄압, 동료들의 이탈과 사람들의 비방은 물론, 심각한 재정난 같은 다채로운 악재들을 견뎌 가며 백과전서 출판에 헌신했지만, 그렇다고 디드로가 오직 백과전서 출판과 감수에만 매달렸던 것은 아니다. 중간중간 그는 철학적 저술을 완성하고, 생전에 거의 출판되지 않았지만 여러 소설들을 썼으며, 희곡을 발표해 상연하기도 했다.

디드로는 사상적 탄압에 맞서 생전에 자신의 저술을 출판하고자 하지 않았다. 그러나 그는 《달랑베르의 꿈》, 《철학적 사색》 같은 철학 작품 외에도 생전에 발표되지 않은 《라모의 조카》, 《수녀》 등의 문학 작품을 썼고 다수의 희곡을 남기기도 했다. 사실 디드로의 작품은 관점에 따라 철학 작품으로 분류되기도 하고 문학 작품으로 분류되기도 한다. 디드로의 저작이 특정한 형식에 얽매이지 않는 복합적이고 유동적인 지식의 성격을 띠고 있기 때문이다. 디드로는 엄밀성이나 체계, 질서 대신 자유롭고 다채로운 상상력으로 신이 아니라 자연이 스스로 형성해 나가는 세계를 기술한다.

디드로의 여러 저작 중에서도 문학의 형식을 통해 당시의 과학적 성과들을 독자들에게 쉽게 설명하고자 저술된 《달랑베르의 꿈》 1769은 그의 사유의 독특성과 철학적 지향을 잘 보여 주는 주저라고 할 수 있다. 과학적 지식을 상상력을 동원해 해석하는 비체계적 작품으로 평가받기도 하지만, 이 책은 자연에 대한 신학적 해석을 거부하고 유물론적 관점에서 당대의 다양한 과학적 성과들을 활용해 우주의 생성과 변화에 대해 토론하는 이른바 '생물학적 유물론'을 담고 있는 디드로의 핵심적 저술이다.

이 저작은 3부에 걸쳐 실존 인물들의 대화로 구성되어 있다. 1부는 디드로와 달랑베르의 대화이며, 2부는 의사인 보르되와 달랑베르 그리고 그의 젊은 연인 레스피나스 양의 대화, 3부는 보르되와 레스피나스 양의 대화로 이루어져 있다. 각 장은 지시 효과를 사용하기도 하고 지문을 삽입하기도 하는 등 연극적 효과로 구성되어 있는데, 일관된 형식 속에서 등장인물들은 생명의 생성과 변이에 관한 다양한 토론을 나눈다. 《달랑베르의 꿈》에서 디드로는 물질이야말로 유일한 하나의 실체며, 물질은 보편적 감성을 갖는다는 전제 위에 다양한 상상력을 발휘하여 자연의 복잡한 작용을 설명하고자 한다.

사실 자연과 생명에 대한 관심은 디드로의 독창적 발상이라기보다는 18세기 계몽주의자들의 일반적 경향이라고 할 수 있다. 세계를 신의 의지와 은총으로 설명하던 중세를 넘어 계몽주의자들은 자연과학의 발달을 통해 우주와 사회를 과학적으로 설명하고자 시도했다. 디드로 역시 유물론적 입장에서 다양한 문학적 상상력을 통해 생명과 그 변이에 관한 과학적 성과들을 반영하고자 노력했다.

디드로의 이러한 철학적 방법론을 보통 절충주의라고 부른다. 일상어에서의 부정적 뉘앙스와는 달리 철학적 맥락에서 절충주의 折衷主義, Eclecticism 란 서로 다른 이론 체계를 절충해서 새로운 이론 을 조합하는 방식을 의미한다. 디드로는 자신이 집필한 '절충주의 Eclectique' 항목에서 절충주의자란 '인간의 정신을 억압하는 모든 것을 밟고 나아가 스스로 생각하는 철학자, 동시에 가장 명증한 보편적 원칙으로 거슬러 올라가 이를 검토하고 이의를 제기하는 철학자'라고 설명한다. 그가 반대한 것은 편견, 전통, 역사, 권위 같은 것들이었다. 절충주의는 자신의 이성과 경험에 기초해 당대까지 축적된 모든 사상적 자원을 활용하는 철학적 정신이자 방법론이라고 할 수 있다.

사실 다양한 지적 자원을 수용해 새로운 이론으로 재가공하는 것은 지식벽 소유자들의 일반적인 성향이라고 할 수 있을 것이다. 만일 기존의 지식을 단순히 정리하는 데 머문다면 그는 지식벽의 소유자가 아니라 지식의 필사자에 지나지 않을 것이기 때문이다. 역사적으로 지식의 필사자에 머무를 수 없었던 지식벽의 소유자들을 여럿 발견할 수 있지만, 이 장에서는 특별히 다양한 백과전서파처럼 기원의 지식을 정리하고 이를 자신의 관점으로 논증하고자 한 지식벽의 소유자를 19세기 조선에서 만나 보고자 한다.

군밤 봉투가 될 뻔한 어느 책 이야기

1940년대에 19세기 학자 이규경李圭景, 1788~1865의 《오주연문장전산고伍洲衍文長箋散稿》의 간행 작업에 참여했던 한 학자의 회고에 따르면 《오주연문장전산고》는 일제 강점기 서울 광교 근처의 군밤장수가 군밤 싸는 종이로 쓰던 것을 권보상이라는 사람이 구입해서 당시 조선 문헌을 모아 출판하고 있었던 최남선崔南善, 1890~1957에게 양도한 것이라고 한다. 일제 강점기 조선의 문헌들을 모아 출판하려는 당시 조선 지식인들의 노력과 하늘의 도움이 없었다면 아마 우리는 이규경이라는 19세기 지식인을 알 수 없었을 것이고, 그의 놀라운 백과전서《오주연문장전산고》역시 빛을 보지 못하고 구겨진 채 쓰레기로 사라졌을 것이다.

앞에서 보았듯 계몽주의 시대, 백과전서를 통한 사상적 도전은 사상과 학문이 시대의 변화를 어떻게 담아내고 또 인도하는지를 보여 주는 중요한 사례라고 할 수 있다. 그러나 사실 지식의 집적과 재배치, 그리고 이를 통한 비판과 견제의 시도는 이들 계몽주의자들의 전유물이라고 할 수 없다. 지식이 폭발적으로 증가하는 시기에 이를 체계적으로 분류하여 활용하고자 하는 경향은 어쩌면 모든 변화의 시대에 담긴 고유한 특징일 것이다. 조선도 예외일 수 없다. 조선도 어떤 변화의 정점에서 지식이 재배치되고 재구성된다. 이를 19세기에 등장한 독특한 백과전서식 저술《오주연문장전산고》를 통해 확인할 수 있다.

세도 정치로 시작해 천주교에 대한 박해, 외세와 대결했던 양요 등 내우외환이 끊이지 않던 조선의 19세기는 전통적 세계관이자 지배 이념으로서의 유학이 기능하던 최후의 시대였다. 이와 동시에 폭압적 근대화에 따른 극적 변화를 앞둔 전환의 시대이기도 하다. 이 시기 조선 지식인들은 내부의 동요와 외세의 위협을 한꺼번에 처리해야 하는 사상적 과제를 담당해야 했다. 중국에서 유입된 서적과 지식을 바탕으로 백과전서적 학풍의 유행은 19세기 조선이라는 퍼즐을 맞추기 위한 기본 조각들이다.

유서類書란 역사적 사실이나 인물에 대한 전기, 사물의 연원, 천문 지리, 동식물 등 만사 만물을 포괄하는 동아시아 전통의 백과전서로, 그 역사가 깊고 넓다. 유서라는 명칭이 사용된 것은 북송 때로 알려져 있지만 유사한 성격의 책은 그보다 훨씬 이전인 한 대에 출현했고 이후 시대적 변화에 따라 다양한 유서들이 등장했다. 앞에서 보았듯 청나라의《사고전서》나 '세계 최대의 백과사전'으로 알려진 명나라의《영락대전》이 대표적인 예다. 물론 민간에서 개인이 저술한 백과전서식 저술은 일일이 열거할 수 없을 정도다.

조선도 유서의 역사가 깊지만 특히 18세기 이후 유서 혹은 유취類聚라는 이름으로 다양한 백과전서식 서적들이 조선에 등장한다. 실학의 선구자로 불리는 17세기 유학자 이수광의《지봉유설》이나 18세기 실학자 성호 이익의《성호사설》로 대표되는 백과전서식 유서는 조선의 지적 전통 중 하나였다.

18세기 조선의 지적 르네상스

─────── 18세기에 유서가 많이 나왔다는 것은 모종의 시대 변화와 관련이 있다. 17~18세기 조선에서 서적 수입이 활발하게 이루어졌다는 점은 알려진 사실이다. 당시는 중원을 차지했지만 이민족 정권으로서 정치적 입지가 약했던 청나라가 나라 전체를 장악해 나가던 때였다. 이 때문에 비교적 자유롭게 중국의 지적 산물에 접근할 수 있는 분위기가 형성되고 있었다. 특히 조선의 문예 부흥기를 이끌었던 호학好學의 군주 정조가 중국으로부터의 서적 입수에 큰 관심과 열의를 가지고 있었다는 점은 익히 알려져 있다. 특히 정조는 당시《사고전서》를 수입하는 데 상당한 노력을 기울인다.

《사고전서》의 편찬 소식을 들은 정조는 연행 사신들을 통해 책을 구하도록 당부했지만 권수가 수만 권이나 되는 데다, 당시《사고전서》는 10분의 1 정도밖에 인쇄되지 않은 상태였기 때문에 구입이 쉽지 않았다. 《사고전서》 구입이 여의치 않자 정조는 결국 《사고전서》의 저본이 된 총 1만 권의 백과전서《고금도서집성》 5020권을 거액을 들여 구입해 온다. 자국의 책을 밖으로 반출하지 않으려는 중국의 금제조치에도 불구하고 정조의 개인적인 열의와

학자들의 열정으로 정조 5년까지 규장각 장서 수는 3만여 권에 달했다고 한다.

조선 지식인들은 청의 학술적 동향과 출판 상황에 깊은 관심을 가지고 연행사절을 통해 이를 해소하고자 했다. 조선 후기의 서적 수입은 북경의 거대한 서적 시장을 중심으로 이루어졌다. 유리창琉璃廠이라는 서점가는 명대 후기 강남 지방에서 비약적으로 발달한 민간 인쇄업을 바탕으로 대규모 상업 출판과 유통이 이루어지던 북경 서적 유통의 중심지였다.

서적의 상업적 판매가 일상화된 중국과 달리 조선에서는 연행 길에 직접 구입하거나 아니면 일종의 서적 유통업자였던 서쾌書儈를 통해 구입해야 했다. 조선 지식인들은 판매와 유통을 겸한 서쾌에게 책을 주문함으로써 새로운 책과 지식을 접할 수 있었다. 서쾌는 조선 지식인들의 정보 네트워크 역할을 하며 조선 후기 서적 수입과 독서 문화 형성에 기여한다. 서쾌를 통해 신간이 무엇인지 누가 어떤 책을 주문했는지, 정보를 얻을 수 있었기 때문이다. 그러나 당시 장서가들은 특정한 전문 분야의 연구를 위해서라기보다는 독서와 장서를 목적으로 대량의 책을 경쟁적으로 구입했던 것으로 보인다.

이런 상황에서 서울 지역을 중심으로 수만 권의 책을 보유한 개인 장서가가 출현하게 된 것은 자연스러운 현상이다. 당시에는 이런 장서가들을 중심으로 서로 책을 돌려 보고 토론하는 일종의 독서 공동체가 형성되어 있었다. 대부분의 장서가들은 경화사족京

華士族이라고 불리는 서울 지역 명문가의 자제들이었다. 이들은 수 대에 걸쳐 서울 지역에 살며 정치적 권력은 물론 중국으로부터 유입된 다양한 첨단 문화를 누릴 수 있었던 것이다. 당시 많은 조선 지식인들은 새로운 지식에 목말라 했고 이를 서적 수입과 독서벽으로 해소하고자 했다.

장서를 일종의 미적 취미로 삼았던 장서가는 조선 후기 지식인들 사이에서 확대되어 가던 지적 욕구의 중심 역할을 한다. 권력과 부를 독점하고 있던 경화사족에게 있어 중국에서 수입한 엄청난 양의 서적들은 학문 연구를 위한 자료라기보다는 문화생활의 일부로 수용된 측면이 강하다. 경화사족 중의 일부는 지식의 축적이나 새로운 이론의 돌파를 위해서라기보다는 단지 취미로 서적을 수집했고 그중 어떤 이는 독서벽에 가까울 정도로 다양한 분야의 책을 탐독했다. 이런 맥락에서 18~19세기 조선에는 외부에서 들어온 새로운 지식과 장서가와 독서 그룹 등 내적으로 축적된 지적 인프라가 작동하고 있었다고 볼 수 있다.

책 읽기에 미친 선비

이 지적 폭발의 시대에 오로지 책에 미친 바보처럼, 책 읽기에 모든 삶을 바친 사람이 있다. 조선 후기 실학자 이덕무李德懋, 1741~1793다. 이덕무는 정종의 열다섯 번째 아들 무림군茂林君의 후예로, 할아버지는 무과에 급제한 무관이었지만 아버지가 서자였던 탓에 그 자신도 평생 벗지 못할 서자의 굴레를 지고 태어났다.

이덕무는 어려서부터 영특했지만 가난한 형편 때문에 스승에게 나아가 배우지 못하고 홀로 책을 읽어 나갔다. 관청 벽에 벽지로 바른 고서를 읽느라 집에 늦게까지 돌아오지 않기도 하고, 창문으로 들어오는 해의 방향에 따라 자리를 옮겨 가며 책을 읽기도 했다. 그는 책을 팔아 끼니를 이을 정도의 가난과 뜻을 펼칠 수 없는 신분의 한계, 병약한 자신의 몸 등 능력을 펼칠 수 없는 제약 속에서 오직 수많은 책을 읽고 정리하며 불운을 견뎌 나갔다.

학문적 역량을 인정받은 것은 1779년 그의 나이 39세 때의 일이었다. 당시에 다행히 서얼에게도 벼슬자리를 줄 수 있도록 법이 바뀌었기 때문에 이덕무는 말직이라도 벼슬길에 나아갈 수 있었다. 학덕에 비해 지나치게 낮은 직급이라 사람들이 만류하기도 했지만 이덕무는 임금의 특별한 시혜라고 생각해서 기꺼이 검서관 관직에 나갔다. 당시 정조는 학문과 재능이 뛰어난 양반가의 서얼들을 위해 규장각에 검서관檢書官이라는 관직을 마련하고 재능 있는 서자들을 등용하는 정책을 폈던 것이다.

검서관은 최말단 관직이었지만 주로 규장각의 서적들을 검토하고 필사하는 일을 맡았기 때문에 책 읽기를 좋아하는 이덕무에게는 더할 수 없이 좋은 자리였다. 이덕무는 유득공柳得恭 · 박제가朴齊家 · 서이수徐理修 등 다른 뛰어난 서얼 출신 학자들과 함께 발탁되어 규장각의 다른 학자들과 교류하는 한편, 조정에서 모은 진기한 서적들을 마음껏 읽을 수 있었다. 그는 평생 2만여 권의 책을 읽었고 수천 권의 책을 필사했다고 한다.

가난한 이덕무가 이토록 많은 책을 읽을 수 있었던 것은 14년간 규장각 검서관으로 일한 이유가 가장 크겠지만, 당시 조선에 등장한 장서가들의 존재와 활동 역시 무시할 수 없는 요인이었다. 경제력과 문화적 교양을 갖춘 장서가들이 중국에서 입수한 진귀한 책들은 이덕무처럼 경제적으로도 사회적 지위로도 제약이 많았던 독서가, 사상가들에게 중요한 사상적 자원이 되었을 것이다. 그는 책을 빌려 보고 직접 베껴 쓰는 방법으로 지적 정보들을 확보했다.

그러나 중요한 책을 확보한 장서가가 이를 공개하지 않을 경우, 경제력도 없고 사회적 지위도 없었던 한미한 지식인들에게 그것은 그 자체로 해악이었다. 이덕무는 "만일 만 권萬卷의 책을 보관하면서도 남에게 빌려주지도 않고 자신도 읽지 않으며, (책의 보존을 위해) 햇볕을 쏘이지도 않는 사람이 있다면, 빌려주지 않는 것은 인仁하지 못함이요, 읽지 않는 것은 지혜롭지 못함이요, 햇볕을 쏘이지 않는 것은 부지런하지 못함이다. 선비가 글을 읽자면 남에게 책을 빌려서도 읽는 법인데, 책을 꽁꽁 묶어 놓기만 한다면 부끄러운 일이다"라고 말한 일이 있다.

평생에 걸친 그의 독서 기록은 아들인 이광규光葵가 아버지의 유고들을 정리해 편찬한 《청장관전서靑莊館全書》에 담겨 있다. 이 책은 이덕무의 평생의 독서와 사유가 담긴 일종의 백과전서식 저술이라고 할 수 있지만, 자신의 시문집이나 비평문 등 다양한 성격의 글이 담겨 있다는 점에서 본격적인 백과전서라고 보기는 어렵다. 그러나 이덕무의 삶과 작품은 이후 19세기에 등장한 본격적인 의미의 백과전서식 저술, 《오주연문장전산고》에 상당한 영향을 끼친다. 《오주연문장전산고》의 저자가 바로 아버지로부터 할아버지의 삶과 사상을 전해 받은, 이덕무의 손자 이규경이기 때문이다.

벽지에서 상상한 오대양 육대주

18세기 프랑스의 디드로와 마찬가지로, 앎을 좇으며 살았던 조선 실학자 이규경 李圭景, 1788~1856 이 활동하던 19세기 조선은 새로운 지식의 축적, 분류, 배치가 시도되었던 역동적 시대였다. 그러나 이 역동성은 20세기에 자주 이루어진 폭력적 국권 찬탈의 어두운 그림자에 가려진다. 우리에게 19세기 조선은 외세에 의해 흔들리던 약하고 혼돈스러운 무력의 시대로만 기억되는 것이다. 이규경이라는 이름이 낯선 이유 중 하나도 이런 맥락에 있다.

사실 퇴계 이황, 반계 유형원, 성호 이익, 다산 정약용 같은 인물들에 비해 이규경이라는 이름은 우리에게 거의 알려져 있지 않다. 사실 그는 20세기 중반에야 학계와 대중에 알려지기 시작했다. 지금 남아 있는 그의 주저 《오주연문장전산고》는 일제 강점기에 활동했던 민족주의 지식인 위당 정인보鄭寅普, 1893~1950 등에 의해 발굴되었지만 1958년에 가서야 공식적으로 간행되었다. 연구의 토대가 될 생애에 대한 정보조차 최근에야 대략적으로 파악되기 시작했을 정도다.

이덕무의 손자인 이규경은 서자였던 증조부의 가계에서 서자의 운명을 타고 태어났다. 그 역시 스물한 살 때 할아버지와 아버지가 특채되었던 검서관 시험에 응시했지만 낮은 성적으로 낙방했고, 이후 두 번의 시험을 더 보았지만 결국 낙방하고 말았다. 학식이 부족했다기보다는 그가 시험 과목과는 관련 없는 박학을 추구했기 때문일 것이다. 결국 그는 미관말직도 얻지 못한 채 평생을 초야에 묻혀 아무도 알아주는 이 없이 궁벽한 삶을 살았다. 그는 서른네 살에 식솔을 이끌고 서울에서 멀리 떨어진 충남의 벽지로 이주했으며, 5년 뒤 다시 서울로 올라와 2년 정도 거주하기도 했지만, 이후 다시 충청도로 내려가 공주나 충주 등지를 전전하며 근근이 살았다.

그는 할아버지와 마찬가지로 끝없이 지식을 추구하고 책을 읽고자 했다. 그러나 가난한 그가 책을 볼 수 있는 방법은 사람들에게 책을 빌려 필사하는 방법뿐이었다. 물론 장서가들이 귀한 책을 쉽게 내줄 리 없었다. 이규경 역시 할아버지 이덕무처럼 이를 한탄한 바 있다. 그는 장서가들이 돈을 주고 사들여 깊숙이 감추어 놓고 자기도 읽지 않으며, 남에게 빌려주지도 않아 한번 넣어 두면 내놓지 않은 채 오랜 세월이 흘러 좀이 슬고 쥐가 갉아먹는 상황을

디드로와 이규경

책이 입는 제일 큰 수난이라며 몹시 안타까워한다. 이규경의 이런 한탄은 당시 형성된 장서의 분위기가 그대로 학문적 유통과 발전으로 이어지지 않았던 조선의 상황을 간접적으로 보여 준다. 그러나 이규경은 어려움 속에서도 만년에《오주연문장전산고》작업을 시작한다.

'오주연문장전산고'라는 제목은 이규경의 호 오주五洲에 늘어진 군더더기 문장이라는 연문衍文, 길게 쓴 주석이라는 뜻의 장전長箋 그리고 정리되지 않고 흩어져 있는 글이라는 의미의 산고散稿를 합쳐 놓은 것으로, 자기 작업에 대한 겸손한 태도가 담긴 제목이라고 할 수 있다.

사실 그가 직접 지은 호인 '오주五洲'는 새로운 지식에 대한 열망, 이 지식을 길어 올릴 수 있는 여행에 대한 동경이 얼마나 깊었는지를 짐작게 한다. 오주란 당시 중국에 들어온 서양인들이 한문으로 저술한 서학서에 등장하는 다섯 개의 세계 대륙을 가리키는 표현이기 때문이다. 그는 궁벽한 시골에서 아무도 알아주는 이 없는 글을 쓰며 지식에 대한 열망과 이를 풀어낼 길 없는 시대의 제한을 한스러워했겠지만 그런 중에도 오주 즉 세계 전체를 알고자 하는 강렬한 지적 욕구를 꺾지 않았던 것이다.

세계를 꿈꾸었음에도 조선의 궁벽한 벽지에서 오직 책과 필사된 원고로만 세상의 수많은 사물과 일들을 상상해야 했던 이규경의 불우한 환경을 생각하면 그가 이룬 학문적 업적이 얼마나 빛나는 극복과 승리의 기록인지 다시 한 번 생각하게 된다.

지식의 정리를 넘어 변증으로

《오주연문장전산고》는 특정 주제와 관련된 자료들을 모으고 거기에 자신의 비평을 덧붙이는 방식으로 구성된 백과전서적 저술이다. 현재 정리된《오주연문장전산고》는 총 60권, 1416항목에 이른다. 이 책에 담긴 주제는 경학, 역사, 천문, 지리, 문학, 음악, 음운, 광물, 초목, 의학, 농업, 광업, 화폐, 서학, 복식, 무기, 재이災異 등 일반적인 백과전서의 분류 체계를 망라한다.

그러나 사실 이 책은 발견될 당시 아무런 분류 체계 없이 묶여 있었다. 20세기 연구자들이 이를 성호 이익의 백과전서《성호사설》의 분류 체계에 따라 나누긴 했지만, 실제로 이규경이 어떤 분류 체계로 이 책을 구성했는지는 잘 알려져 있지 않다. 아마도 이규경은 생각날 때마다, 새로운 자료를 구하거나 사건을 접할 때마다 새로운 글을 쓰고 나중에 다른 자료가 나오면 보충하는 방식으로 글을 완성해 나갔을 것이다. 이를 어떤 분류 체계로 구성할지는 충분히 고려하지 않았거나 혹은 그 고려와 기획이 후세에 전달되지 않았던 것 같다.

이규경은 당시까지 알려진 모든 지식들을 섭렵해 정리해 놓고자 했다. 그 방식은 여러 책에 산발적으로 나타나는 지식과 정보들을 특정한 표제어 아래 정리해 나갔다고 보는 편이 타당하다.《오주연문장전산고》는 관련된 정보들을 인용하는 방식으로 나열하고 중간에 자신의 견해를 덧붙이는 형식으로 되어 있다. 이 항목들은 모두 '변증설'이라는 형식을 취하고 있다. '변증'이란 고증과 유사하지만 유래와 내용에 대한 고증이나 정보의 정리뿐 아니라 자신의 의견과 비판을 개입시키는 독특한 글쓰기다. 변증설 하나가 현재의 한 편의 논문과 유사한 것이다. 이규경이 택한 '변증'의 방식은 형성된 지식에 개입하고 자기 사유의 공간을 확보하려는 노력이라고 할 수 있다. 그러나 무엇보다 '변증'을 가능하게 한 조건은 박학에 대한 그의 열정에 있다.

박학은 그의 품성에서 비롯된 결과다. 이규경은 자신이 사물의 시원과 지류에 대해 지나칠 정도로 탐닉하는 벽癖이 있다고 고백한 바 있다. 언제나 책을 읽을 때 이름의 유래와 근본적인 정보를 끝까지 탐구한 뒤에야 그친다는 것이다. 그러나 《오주연문장전산고》의 저술을 단순히 천성에서 비롯된 결과로 보기는 어렵다. 저술을 남길 수 있었던 동력은 관심의 양이 아니라 관심을 충족시켜 줄 지적 자원과 매체이기 때문이다.

사람도 책도 오가기 어려운 궁벽한 시골 마을에서 이규경은 어떻게 그토록 많은 책을 읽고 엄청난 양의 지식을 재배치할 수 있었을까. 이는 아마도 검서관이었던 할아버지 이덕무가 남긴 초抄 즉 필사한 원고들 덕분이었을 것이다. 책을 살 돈이 없었던 이덕무는 좋은 책을 보면 반드시 이를 베껴서 놓았고, 그 양이 수천 권에 달했다. 이규경은 실제의 책보다는 아마 할아버지가 남긴 필사본들을 통해 핵심적인 지식을 얻을 수 있었을 것이다.

그러나 이규경은 이 지식들을 전통적인 학문 체계 안에 억지로 분류하거나 철학적 개념을 통해 평가하지 않았다. 그는 다양한 정보를 접하였고 주제에 맞으면 어떤 정보나 지식이라도 축적하고자 했다. 이규경은 당시 조선 유학의 지적 경향을 따라 실용적이고 현실적인 관점에서 세계를 바라보고자 했다. 성리학의 사변적 철학이 아니라 사물과 사건으로 세계를 바라보는 땅의 학문을 추구했던 것이다.

지식의 기원을 찾아 분류하고 정리하고자 했던 이들의 중요한 특징은 전통적인 학술 주제나 철학적 개념들이 아닌 사소하고 일상적인 것들을 진지한 통찰과 분석의 대상으로 끌어올렸다는 점이다. 예를 들어 디드로가 집필한 'Abiricots' 항목에는 살구나무의 식물학적 서술로부터 살구잼을 만드는 방법에 이르기까지 다양한 내용이 담겨 있다. 이규경 역시 담배나 연등 풍속에 대해서 연원부터 상세히 기술하고 있다. 디드로도, 이규경도 결정되어 있던 지식의 체계가 아니라 실용적 필요에 따라 지식에 접근하도록 지식을 대중화하고 일상화했다고 평가할 수 있을 것이다.

다른 점이 있다면 디드로와 달리, 이규경은 그토록 오래 헌신하며 정리해 놓은 자신의 백과전서를 세상에 내놓지 못했다는 것이다. 그가 정리해 놓은 지식들은 그것들이 더는 유효하지 않은 새로운 시대에야 겨우 빛을 보았다. 경제적으로 정치적으로 그에게 기회가 주어지지 않았기 때문이기도 하고, 조선이 그만큼 무기력

해져서일 수도 있다. 그러나 그가 진짜 불운하다면 그의 작업을 온전히 평가하고 가치를 인정해 주는 소수의 학자들을 제외하고 여전히 그 자신을 비롯해 19세기 조선 지식인들의 삶과 실천이 정당한 평가를 받지 못한 채 잊혀 있기 때문일 것이다.

왜 지식을 추구하는가

180여 명이 참여했다는 프랑스의 백과전서는 말할 것 없고, 단독 저작인 《오주연문장전산고》 역시 한 개인의 저작이라기보다는 공동의 작업이자 시대의 산물이라고 할 수 있다. 디드로처럼 150여 명의 동료와 공동 작업을 했건, 이규경처럼 혼자 했건 그 안에 담긴 지적 자원들은 모두 시대가 축적한 것들이기 때문이다. 어쩌면 이들은 시대의 과제를 남들보다 더 예민하게 자각하고 이에 부응한 사람들인지도 모른다. 그렇다면 이들의 작업은 시대적 조건을 뛰어넘는 개인적 성향과 지향의 결과라고도 말할 수 있을 것이다. 누구나 이런 작업을 시도하는 것은 아니기 때문이다. 아마 어떤 이들은 어떤 시대에 태어났어도 세상의 모든 지식을 정리하기 위해 평생의 시간을 헌신하며 책을 읽고 자료를 모으며 분류하고자 했을 것이다.

이 박학의 추구, 지식의 탐닉은 무엇으로도 대신할 수 없는, 성품에 새겨진 벽癖이 만든 평생의 사건일지도 모른다. 사상가들만

이 아니다. 우리 중의 누군가는 언제나 무엇을 모으고 정리하고 분류하는 데 삶의 의지와 위안을 느낀다. 단순한 축적이 아니라 전체를 향한 질주, 갖추어 놓음의 환희를 위해 시간이나 돈을 투자하고 심지어 인간관계를 단절하기까지 한다. 강력한 내적 동기, 그 내적 동기를 실현할 열정, 열정을 자원으로 쓰는 헌신과 포기가 없다면 수집가가 될 수는 없을 것이다.

앞에서도 보았지만 수집과 집적의 욕구는 전체에 대한 열망과 연결되어 있는 경우가 많다. 그렇다면 앎의 추구는 가장 승산 없는 도전일 가능성이 높다. 한 개인의 능력으로는 과거의 모든 지식을 습득하는 것도, 현재에 쏟아지는 수많은 정보를 취합하는 것도 불가능하기 때문이다. 세상의 모든 지식을 꿈꾸는 한, 그 사람은 이미 패배가 예상된 삶을 살아야 한다는 것을 의미한다. 그럼에도 불구하고 누군가는 끊임없이 실패를 위해 열정과 시간을 투자한다.

아마도 그 열정은 지식을 '소유'하려는 욕구에서 비롯된 것은 아닐 것이다. 백과전서는 한 개인의 필요를 위해 정리된 지식이 아니라 동시대의 다른 이들 혹은 미래 세대를 위해 만들어질 것이기 때문이다. 이들은 당대의 평가보다는 미래의 효용을 위해 자신을 투자하고 헌신했을 것이다.

특히 이규경이라면 더욱더 자신의 글을 스스로 간행할 여력이 없었던 현재보다는 미래의 어느 때에 사람들에게 전달되고 의미 있게 사용되기를 간절히 바랐을지도 모른다. 그의 바람은 반은 실패했고 반은 성공했다. 당대에는 아무에게도 전해지지 못했지만 과거를 자원으로 삼아 미래를 말할 수 있게 된 현재에는 19세기 조선의 지적 경향을 조망하게 해 주는 중요한 사상적 자원이 되었기 때문이다.

우리는 여전히 앎을 추구하는 시대, 지식이 전환되는 시대에 살고 있다. 디드로나 이규경의 시대와 달라진 것이 있다면 지식의 팽창 속도가 개인의 수용과 처리 능력을 압도하는 지적 폭발의 상황이라는 점이다. 이제 많은 이들은 알고 싶은 것이 있을 때 인터넷을 켜고 스마트폰에서 키워드 검색을 한다. 누군가 한 사람이 열정과 헌신으로 지식을 집적하지 않아도 세상은 이미 충분히 체계적으로 정리된 정보들이 넘친다.

그런데도 우리는 여전히 모든 것을 컴퓨터에 맡기지 않은 채 앎을 추구한다. 그리고 누군가는 스스로 모으고 정리하고 분류한다. 아직도 어디엔가는 성공을 향한 강박적인 앎의 추구가 아니라, 소유하고 향유하기 위해서가 아니라, 영혼에 새겨진 본성의 길처럼 지식을 추구하고 동시대인들과 미래를 위해 삶의 열정을 바치는 그런 지식벽의 소유자가 있을 것이다. 비록 나중에 빛나더라도, 심지어 빛나지 않더라도, 열정이 아닌 것은 아니다.

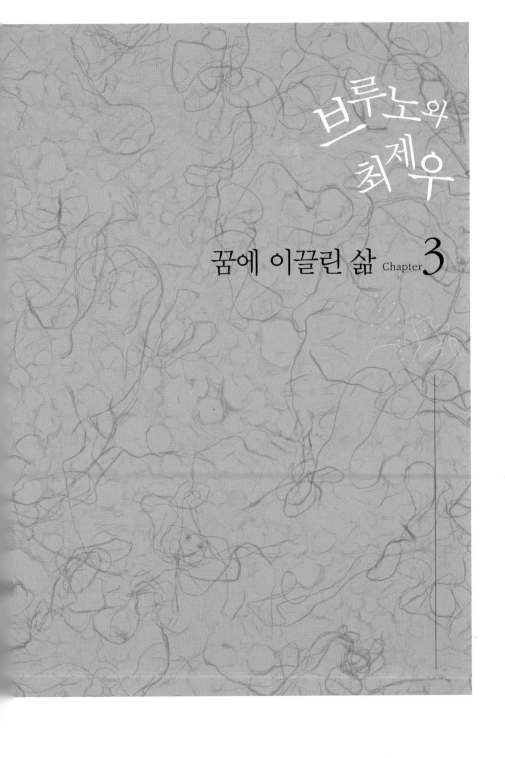

브루노와 최제우

꿈에 이끌린 삶 Chapter 3

복권을 살까 망설이게 하는 소박한 꿈으로 아침을 열고, 책상 앞에 미래의 기대를 담아 써 붙인 문구로 자기를 바꾸어 나가려는 소시민에게 시효 없는 꿈의 낙인으로 삶을 전환하고 역사에 이름을 남긴다는 것은 어쩌면 불가능한 일이겠지만, 그럼에도 불구하고 우리는 안다. 꿈이 거대해서가 아니라, 자기의 꿈에 삶의 값을 모두 치르려는 무모하면서도 과감한 정신 때문에 세상이 조금씩 움직여 왔다는 것을, 꿈에서 들려온 목소리로 삶을 바꾸는 어떤 이의 용기 때문에 세상이 달라진다는 것을.

소멸하지 않는 어느 날의 꿈

—————————— 17세기 초 프랑스, 개인 방에서
생활하며 스스로 일어날 때까지 아무도 깨우러 오지 않도록 교장
과 협상할 수 있을 정도로 부유했고 또 병약했고 그만큼 오만하고
똑똑했던 한 젊은이가 있었다. 학교에서 라틴어와 철학을 배웠고
새로운 수학에 눈뜨기도 했지만 청년은 여기에 만족할 수 없었다.

80

다행히 그는 하급이었지만 귀족 집안 출신이었고, 상당한 유산이 있었기 때문에 직업을 가져야 한다는 부담 없이 하고 싶은 공부를 할 수 있었다. 스무 살에 법학 학사학위를 받은 뒤 이 청년은 '세상이라는 책'에 대해 배우기 위해 프랑스를 여행한다. 스물두 살이 되었을 때 그는 군사교육을 권했던 아버지의 뜻을 따라 네덜란드 군대에 자원입대했고 그곳에서 이후 학문에 중요한 영향을 미친 동료를 만나는 등 세상과 삶과 학문을 배워 나간다.

그러나 이런 시도와 만남들에도 불구하고 '세상이라는 책'을 연구하고 싶은 청년의 욕구는 사그라들지 않았다. 다음 해 봄, 군대에서 나온 이 청년은 배를 타고 덴마크의 코펜하겐에 도착했고 그 후로 폴란드, 오스트리아, 보헤미아 지방을 지나 독일에 이른다. 그리고 그곳에서 구체적이지만 광막하고, 광막하여 정해진 길이 없는 세상이라는 책 대신, 자신만의 책을 쓸 결정적 계기의 순간을 만난다. 그것은 11월 10일 성 마틴Saint Martin제 전날 밤이었다.

가을에 페르디난트 2세의 황제 대관식을 참관했다가 독일 남부에서 겨울을 맞은 청년은 발이 묶여 그곳에서 겨울을 나게 되었다. 그러던 어느 날 청년은 축제의 전야, 벽난로가 있는 자기 방에서 연속으로 세 번의 꿈을 꾼다.

첫 번째 꿈에서 청년은 심한 폭풍 속에서 어딘가로 향하고 있었다. 그런데 오른쪽 다리가 말을 듣지 않아 자꾸만 그의 몸이 왼쪽으로 꺾이고 있었다. 똑바로 설 수 없었던 그는 부끄러움을 느끼며 학교 안의 예배당으로 피하려고 했지만 아는 사람에게 인사를 하지 않고 지나쳤다는 생각에 다시 그 사람 쪽으로 몸을 옮기려다 바람의 방해로 뜻을 이루지 못한다. 그러다 교정에서 자신과는 다르게 멀쩡히 서 있는 어떤 이와 동반자를 보게 된다. 청년에게 다가온 이 사람은 누군가를 찾으면 그가 청년에게 무엇인가를 줄 것이라고 부드럽게 말한다.

두 번째 꿈에서 청년은 천둥소리에 불안해하며 잠에서 깨어난다. 깨어 보니 방 안에는 불꽃이 빛나고 있었지만 그는 곧 그 빛들이 자신을 위협할 수 없다는 것을 알았다. 청년은 안심하며 다시 잠이 든다.

세 번째 꿈에서 그는 책상 위에서 출처가 불분명한 한 권의 사전과 《시인전집》이라는 낯익은 책을 발견한다. 책을 펼쳐들자 제일 먼저 'Quod vitae sectabor iter' 즉 '인생에서 어떤 길을 갈 것인가'라는 시구가 눈에 들어온다. 이때 낯선 남자가 'Est et non' 즉 '예와 아니요'라고 적힌 시구를 보여 주며 참 좋은 시라고 칭찬한다. 그 사나이와 함께 시에 대해 그리고 책을 얻게 된 경위에 대해 대화하고 있는 사이, 책이 다른 책상에 나타난다. 청년은 아까 본 시구를 찾으려 했지만 찾을 수 없었고 대신 책의 페이지에 인쇄된 문양을 보고 자신이 알던 책과 다른 책이라는 사실을 깨닫는다. 그 사이에 책과 사나이가 눈앞에서 사라진다.

이 기이한 꿈들은 청년이 겪은 과거의 문제를 짚어 주는 한편, 미래에 나아갈 방향을 보여 주는 결정적 계기가 되었다. 청년은 첫 번째 꿈이 과거의 오류에 대한 경고라고 해석한다. 그를 예배당으로 몰고 간 바람은 악령의 모습이며, 두 번째 꿈에 나타난 천둥소리와 번개는 결과적으로 그에게 내려와 그가 소유하게 되는 진리의 영靈이라는 것이다. 세 번째 꿈이 가장 중요하다. 청년은 사전이 모든 학문의 집성을 의미하고《시인전집》은 철학과 지혜의 통합을 의미하는 것으로 해석한다. 청년은 이 꿈이 진리의 정령이 그로 하여금 모든 학문의 보고를 열도록 계시하는 것이라고 믿었다. 말년의 기록에서 청년은 이 꿈을 통해 스스로 '놀랄 만한 학문의 기초'를 발견했다고 기록한다. 그는 이 신비로운 체험을 통해 학문의 방향을 정했던 것이다.

축제 전야 벽난로 앞에서 꾼 신비로운 꿈을 통해 삶과 학문의 길을 정한 이 청년의 이름은 데카르트, 수학과 같은 합리적 체계 위에 인간의 모든 지식을 집성하고 체계화하고자 했던, 모든 근대 철학사의 첫 장에 기술되는 프랑스의 철학자, 바로 그 르네 데카르트René Descartes, 1596~1650다. 그는 어느 순간 갑자기 찾아온 신비한 꿈을 통해 지나온 삶과 결별하고 새로운 자기를 향해 나아감으로써 철학적 전환에 도달한 것이다.

우리는 매일 꿈을 꾼다. 아침에 기억하지 못해도 매일의 잠은 우리에게 어떤 영상을 남긴다. 강렬한 인상을 남긴 그날의 어떤 사건일 수도 있고, 오래전 떠나보낸 사람일 수도 있으며 깊은 불안이나 고통이 만들어 낸 가상일 수도, 강렬한 원망과 바람이 만들어 낸 환상일 수도 있다. 꿈의 인상과 그 영향은 가족과 친구들 사이의 화젯거리, 복권을 사게 만드는 희망, 몸가짐을 단속시키는 불길한 징조의 예고로 활용되면서 좀 더 길게 지속되기도 하지만 보통의 경우 조용히 잊히거나 짧은 경계와 반성에 쓰인 후 곧 소멸한다.

그러나 시효가 짧고 영향력이 소멸하는 일상의 꿈과 달리, 어떤 이들은 하룻밤의 꿈을 영구적인 지속성으로, 혹은 강렬한 변혁의 계기로 전환한다. 어떤 이들에게 꿈은 다음 날의 화젯거리로 산화되지 않는 근원적 변화의 문이 된다. 꿈을 꾸고 난 뒤 세상이라는 책을 배우려는 소박한 희망을 넘어, 자신만의 철학을 체계화하도록 삶의 방향을 바꾼 데카르트처럼 말이다. 꿈이라고도, 신비체험이라고도 할 수 있을 몽환적 순간의 경험은 종교인들만의 전유물이 아니다. 흥미롭게도 철학자들 역시 자신의 꿈을 통해 미래를 읽고 지적 계시를 받으며 이 계시를 통해 학문의 궤도를 자기 손으로 만들어 낸다.

이 장에서 살펴볼 두 사람, 르네상스 시기 이탈리아의 철학자 브루노Giordano Bruno, 1548~1600와 19세기 조선에서 동학을 창도한 최제우崔濟愚, 1824~1864 역시 데카르트처럼 '꿈에 이끌린 삶'을 살았던 인물들이다. 그러나 이들에게는 꿈에 이끌렸다는 사실 외에 다른 공통점이 있다. 꿈에 이끌렸고, 그 꿈의 계시에 따라 참된 진리와 가치, 올바른 세계의 구상을 찾아 세상을 떠돌았으며, 평생 소멸하지 않은 한순간 꿈의 대가로 이탈을 이단으로 단죄하는 권력의 중심에 사로잡혀 형장에서 산화했다는 것이다.

이단과 순교의 길

─────── 르네상스 후기, 이탈리아가 맞이한 1600년은 말 그대로 순교의 해였다. 2월의 어느 날 수많은 사람들이 로마의 '캄포 데 피오리Compo de Fiori', 즉 꽃의 광장에 모여 웅성거리고 있었다. 이탈리아 남부의 오래된 도시 놀라Nola 출신인 도미니크회 수도사 조르다노 브루노 역시 그곳에 있었다. 다른 사람들과 달랐던 것은 그가 군중 속이 아니라 군중이 응시하던 교수대의 쇠기둥에 묶여 있었다는 것이다. 그의 혀와 입은 이미 쇠꼬챙이에 관통되어 있었고, 교수대 아래서는 예수회 수도사들이 그의 화형을 준비하고 있었다. 그를 그 자리에 세운 것은 8년간의 종교 재판과 심문, 모진 고문 끝에 그에게 사형을 언도한 로마의 종교 재판소였다. 후세에 순교의 해로 기록된, 1600년 2월 17일의 일이었다.

억울하게 희생당했다는 점에서, 사람들은 그가 어울리지 않는 시대에 태어났음을 안타까워한다. 그는 너무 일찍 태어났는지도 모른다. 만약 브루노가 르네상스의 끝자락이 아니라 100년만 앞서 태어났어도 종교 재판에서 화형당하는 비극은 피할 수 있었을지 모른다. 교회가 보다 관용적이었고, 그리하여 사상의 자유가 폭넓게 상찬되던 15세기에 즉 전성기 르네상스기에 태어났다면 그는 비참한 죽음 대신 학자와 귀족들의 추앙을 받았을지 모른다. 물론

100년 뒤에 태어났어도 마찬가지다. 그가 주장한 무한 우주 등 그의 핵심적 사상들은 근대적 관점에서 보면 폭넓게 용인될 만한 것들이었다.

그러나 안타깝게도 그는 이단 심문소의 막강한 권위가 여전히 작동하는 16세기 말의 로마에 갇혔고, 8년간 납으로 된 감옥과 탑에 갇힌 채 죽을 때까지 결코 그곳을 빠져나오지 못했다. 브루노의 최후는 그가 겪은 시대가 불관용의 시대였음을, 그리고 무엇보다 르네상스 휴머니즘이 고갈되어 버렸음을 증명한다.

철학사에서 브루노는 대단히 중요한 인물로 평가된다. 그러나 그 평가에 걸맞은 연구나 이해가 이루어졌다고 보기는 어렵다. 브루노에 대한 연구서나 논문은 생각보다 찾기 어려우며 이런 사정은 서양 학계에서도 마찬가지다. 안타깝게도 브루노는 대체로 '잊힌 철학자'의 자리에 배치된다. 물론 다수의 연구자들은 학술적으로 브루노를 지동설을 주장한 코페르니쿠스Nicolaus Copernicus, 1473~1543와, 갈릴레이Galileo Galilei, 1564~1642 사이에 배치하고 그를 '과학의 순교자'로 부르고자 하지만 그에 대한 평가는 그 자리에 머무는 경우가 많다.

그의 죽음은 코페르니쿠스와 갈릴레이 사이에 놓여 있지만 그의 비전은 코페르니쿠스와 갈릴레이를 뛰어넘는다고 해도 좋을 것이다. 그의 구상이 코페르니쿠스나 갈릴레이보다 더 근대적 발상에 가깝기 때문이다. 그렇다면 브루노는 천문학자 혹은 과학자인가? 대답은 정해져 있다. 브루노에게 붙어 있는 과학의 순교자라는 평가는 일면 타당하지만 그의 진짜 위상은 천문학자가 아니라 철학자다. 그가 제안한 우주관은 대단히 근대적이거나 혹은 현대적이라는 평가를 받지만 그의 이론은 실험이나 관측과 관계없는 사변적 추론과 형이상학적 관념으로 이루어진 것이기 때문이다.

결과적으로 그는 전통적 우주관과 신관에서 이탈한 대가로 자신의 시대에 이단이라는 낙인을 감당해야 했고 오직 죽음으로밖에 자신을 항변할 길이 없었다. 그의 죽음에 다음 시대가 준 유일한 보상은 '순교'라는 명예뿐일지도 모른다. 그러나 기독교적 관점에서는 이단이었지만 철학적 경로에서는 월경이자 극복이었다는 점에서 그의 철학은 '순교자'라는 평가 이상의 보상을 받아야 할 것이다.

방랑하는 철학자

조르다노 브루노는 1548년 이탈리아에서 가장 오래된 도시 중 하나인 놀라에서 가난한 군인의 아들로 태어났다. 이후 그는 출신지를 따라 놀라인으로 불렸다. 부모가 붙여 준 이름은 펠리페Felipe였다. 나폴리 근교의 고풍스러운 도시 놀라는 장차 근대 철학과 과학의 선구자가 될, 그리고 무엇보다 철학적 자유를 좇는 방랑자의 운명을 타고난 이 소년에게 고대 도시의 다양한 영감을 선사했다. 그의 부모는 열한 살이 되던 해 아들을 나폴리로 보냈고, 소년은 열네 살 때 인문학과 논리학 그리고 변증법 같은 당시의 기본적인 학문들을 배웠다. 그 뒤 열일곱 살에는 도미니크회에 들어갔다. 이곳에서 그는 수도회 전통에 따라 이름을 조르다노로 바꿨다.

수도회에 들어가는 데 결정적인 회심의 계기 같은 것은 없었던 것으로 보인다. 도미니크회에 들어가기 전에 그는 이미 자신의 학문적 방향을 결정했기 때문이다. 10년 정도 수사 생활을 하는 동안 그는 수도회의 전통에 따라 토마스 아퀴나스와 아리스토텔레스 철학을 공부했다. 그러나 그의 학문적 스펙트럼은 전통 철학이나 신학에 한정되지 않았다.

당시 브루노는 전통적인 철학 외에 라몬 룰Ramon Llull 혹은 라이문두스 룰루스Raimundus Lullus, 1232~1316라는 마요르카 출신의 스페인 철학자가 고안한 일종의 기억술에 심취하기도 했고, 기하학이나 천문학을 배우기도 했다. 독일의 신학자이자 철학자 니콜라스 쿠자누스Nicolaus Cusanus, 1401~1464 역시 브루노에게 가장 큰 영향을 준 철학자 중 한 사람이다. 신플라톤주의의 영향을 받았던 쿠자누스는 아리스토텔레스 철학에 기반을 둔 이성 중심의 스콜라 철학에 거리를 두고자 했다. 그는 신은 무한자이며 그 안에서 모든 대립과 모순이 통일된다고 주장했다. 당시 주류 이론이었던 아리스토텔레스적 자연 철학을 거부하고 자연을 그 자체에 내재하는 원리로만 설명하고자 했던 르네상스 시대의 자연철학자 텔레지오 Bernardino Telesio, 1508~1588의 자연학 역시 브루노에게 큰 영감을 주었다. 심지어 브루노는 당시 이미 금서가 되어 있던 에라스무스의 책을 숨어서 읽기도 했다.

이런 지적 편력으로 보았을 때 브루노가 일찍부터 기독교에 비판적인 태도를 갖게 되었음을 짐작할 수 있다. 그는 이미 열여덟 살 때부터 예수에게 신성을 부여하는 삼위일체에 의문을 품기 시작했다고 한다. 그의 이런 행보는 당연히 수도회의 의심을 살 수밖에 없었다. 솔직하고 대담한 성격도 다른 사람들의 적의를 사기에 충분했을 것이다. 그러던 중 브루노는 신의 유일성과 초월성을 강조하면서 예수의 신성을 부정함으로써 이단으로 내몰린 알렉산드리아의 장로인 아리우스의 설을 신봉했다는 이유로 로마에 고발당하는 사건을 겪는다. 자신이 고발당한 사실을 알게 되자 브루노는 자신을 변호하기 위해 로마에 들어갔지만 소득이 없었다. 결국 그는 나폴리로 돌아가지 않고 그 길로 도망자의 길을 택한다. 그의 나이 스물여덟 살 때의 일이었다. 그로부터 무려 16년에 걸친 방랑이 시작된다.

브루노는 북이탈리아에서 시작해 베니스로, 다시 파도바를 거쳐 1579년에는 스위스의 제네바에 들어가 칼뱅파로 개종한 이탈리아 귀족에게 몸을 의탁한다. 신교도인 귀족에게 개종을 권유받기도 했지만 브루노는 끝내 개종하지 않았다. 가톨릭에 대한 신앙 때문이라기보다는 신을 인격적인 존재로 상정하는 개신교의 교의에 관심이 없었기 때문이다. 그는 도리어 그곳의 철학 교수를 비판하는 책을 썼다가 투옥되기까지 한다. 결국 망명지 제네바도 그의 거처가 되지 못했다.

얼마 뒤 제네바를 떠난 브루노는 남프랑스의 리옹을 거쳐 프랑스 신교도들의 근거지였던 툴루즈에 도달한다. 그곳에서 그는 2년간 큰 사건 없이 학생들에게 아리스토텔레스의 영혼론 등을 강의하며 평온하게 보낼 수 있었다. 툴루즈에서는 학생들이 교수를 선택해야 했는데, 브루노는 시작하자마 상당한 인기를 얻었다고 한다. 그러나 내전이 일어나자 그의 평온했던 교수 생활도 오래가지 못했다. 결국 브루노는 툴루즈를 떠나 파리로 갔다.

파리에서 브루노는 토마스 아퀴나스 철학에 대해 강의하는 한편 그곳 지식인들에게 나폴리에서 심취했던 라몬 룰의 기억술을 전파하기도 한다. 소르본대학에서 교수직을 얻을 수도 있었지만 미사에 참석하지 않는 등 종교적 의무를 수행하지 않았기 때문에 대학에 자리를 얻을 수는 없었다. 대신 당시 프랑스의 국왕이었던 앙리 3세가 그에게 흥미를 보인다. 그는 국왕의 후원을 받아 프랑스 왕립 아카데미의 구성원이 될 수 있었다. 이곳에서 브루노는 기억술에 관한 책을 저술한다.

그 후 그는 1583년 프랑스 왕의 소개장을 가지고 런던의 프랑스 대사를 찾아갔다. 옥스퍼드대학 초청으로 강의를 하기도 했지만 대학 교수들을 비판했다가 공격을 받았고, 결국 대학을 떠날 수밖에 없었다. 그러나 종교적 관용이 보장되던 런던에서 브루노는 엘리자베스 1세의 궁정에 드나들며 유명한 탐험가 월터 롤리Walter Raleigh, 1554~1618나 궁정 관리로 일하던 유명한 시인 필립 시드니 Philip Sidney, 1554~1586 같은 당대의 유명 인사들과 교제하기도 했다. 영국에서 보낸 2년은 브루노에게 가장 평온하고 행복했던 시간이었을 것이다. 그는 이 시기에 《원인과 원리와 일자—者De la causa, principio e uno 》1584 나 《무한자와 우주와 세계Dell' infinito universo e mondi 》1584 같은 여러 권의 대표작을 완성할 수 있었다.

그 후 그는 파리로 돌아갔다가 정치적 변화에 위협을 느껴 다시 독일로 들어갔다. 그는 독일 여러 곳에서 강의하며 대학에 자리를 얻고자 했지만 번번이 실패했다. 그러던 중 1591년 8월 베네치아의 귀족 조반니 모체니고Giovanni Mocenigo 의 초청을 받았다. 그는 이때 방랑 생활을 끝내고 이탈리아로 돌아가기로 결심한다. 무엇이 그로 하여금 종교재판소의 권위와 살기가 여전히 강성했던 이탈리아로 귀환하게 했는지에 대해, 연구자들은 충분히 해명하지 못하고 있다. 베네치아는 이탈리아 도시국가 가운데 가장 자유로웠다는 점과, 당시 강고하고 비타협적이던 교황이 사망함으로써 유럽 내의 종교적 긴장이 완화되어 있었다는 점도 중요한 배경이었을 것이다.

베네치아 공화국에서 브루노는 모체니고에게 의탁하면서 그와 논쟁했고 그로부터 종교재판소에 고발하겠다는 협박을 듣기도 했지만 크게 위축되지 않았다. 파도바대학에 수학 교수 자리가 났다는 것도 그에게는 희소식이었을 것이다. 브루노는 곧 파도바로 가서 강의를 시작했지만 교수 자리를 얻을 수는 없었다. 그 자리는 당시 스물여덟 살이었던 갈릴레이에게 돌아갔다.

그의 종교와 철학에서의 자유, 그리고 무엇보다 지적 방랑이 끝난 것은 다음 해인 1592년이었다. 허망하게도 브루노는 그를 후원했으면서도 협박을 일삼던 모체니고에 의해 베네치아의 종교재판소에 고발되었고 곧 베니스의 납으로 된 감옥에 갇힘으로써 16년간의 유랑을 마감하게 되었다. 16년간 그는 유럽의 거의 반 이상을 경험하며 수많은 이들과 철학적 논쟁을 벌였지만 최후의 8년간 그가 정착한 곳은 안타깝게도 대학이나 수도회의 책상이 아니라 로마의 감옥이었던 것이다.

꿈속의 우주, 계시받은 진리

연구자들은 브루노의 철학이 수학 등에 의존하는 추상적 체계화와 다른, 신과 우주 그리고 내면의 내적 조화를 추구하는 창조적 작업이라고 평가한다. 감각을 통해서는 무한한 신의 본성에 접근할 수 없는 것은 당연하다. 우리가 알 수 있는 것은 신의 흔적이거나 혹은 그림자인 무한한 우주일 뿐이다. 신의 그림자인 무한한 우주는 끝없이 변화하며 무한히 다양하다. 근대의 과학 혁명 이후 우리는 수학적으로 증명되지 않는다면 과학이 성립하지 않는다고 믿게 되었다. 자연현상은 변화나 다름을 인정하지 않는 수학적 상수 속에 정지되어 있을 때만 과학적 판단의 대상이 될 수 있다는 것이다. 이제 우리는 오직 허구적 상수로 표현된, 다시 말해 '과학화된' 자연만이 가치를 갖는 것처럼 생각한다. 그러나 실제로 우리가 경험하는 자연은 매순간 변화하며 어떤 것도 같지 않다. 고정된 숫자나 기호 속에 갇힐 수 없는 것이다.

이런 맥락에서 브루노는 우주에 대한 수학적·기하학적 접근의 가능성을 부정하지 않았지만 자연현상에 논리적 법칙을 적용할 수 없다고 생각한다. 그는 감각을 바탕으로 한 관찰을 신뢰하지 않았다. 브루노에게 우주는 감각적 경험을 통한 수학 공식의 대상이 아니라 형이상학적 통찰의 대상이다. 이러한 세계는 우리의 감각이나 지성으로 접근할 수 없다. 브루노의 우주는 모든 것의 우주이며 또한 모든 것 속의 우주이기도 하다. 이 우주는 어떠한 모순과 대립도 존재하지 않는 무한한 통일성의 세계다. 그는 우주에 당시에 알려진 것보다 더 많은 행성들이 존재할지도 모른다는 생각은 창밖의 새를 바라보며 눈앞의 새보다 더 많은 새들이 있을 것이라고 생각하는 것만큼이나 합리적이라고 생각했다.

근원적인 세계는 오직 나와 세계의 경계가 사라지고 어떤 통일 속에 합일되었을 때 직관적으로 인식된다. 이 단순한 직관 속에서 인간의 인식 주관은 거울이 되고 우주와 합일된 우리의 이성은 개체의 지적 능력이 아니라 우주 전체를 비추는 보편 이성 혹은 세계영혼이 된다. 그에게 이러한 무한한 우주와 통일된 보편 이성, 세계영혼의 가능성을 보여 준 것은 사변적인 이론 연구가 아니라 서른 살 무렵의 어느 날에 찾아온 꿈이었다.

꿈속에서 그는 우주를 향해 팔을 펼친 채 날고 있었다. 우주는 머리 위가 아니라 그의 뒤에 있었으며 그의 앞에도 옆에도 펼쳐져 있었다. 꿈속에서 그는 위도 아래도, 중심도 경계도 없는 무한한 세계를 경험했다. 지구는 물론 태양조차 우주의 중심이 아니었고 수많은 천체들이 각각 중심이 되어 자기의 지구들을 거느리고 있었다. 꿈을 통해 브루노는 망원경 같은 관측기구나 수학적 증명 없이도 우리가 알고 있는 현재의 우주와 유사한, 그러나 당시로서는 낯설고 위협적이었던 무한한 우주를 경험한 것이다.

그는 자신의 대화편《영웅적 열정De Gli Eroici Furori》1585을 통해 꿈을 통한 계시의 깨달음을 전하면서 이 체험을 통해 철학적 전환을 이룰 수 있었다고 고백한다. 꿈속에서 경험한 무한한 우주는 그가 시간과 공간의 구분이 없는 통일체이자 끝없이 변화하는 전체로서의 무한한 세계를 분명히 깨닫는 계기가 된다. 그는 이 계시와도 같은 섬광의 깨달음으로 천문학이 아니라 형이상학적 관점에서 코페르니쿠스의 우주론을 뛰어넘어 근대적 우주관에 가까운 무한 우주론을 주창한 것이다. 그런 맥락에서 브루노는 르네상스 최후의 형이상학자로 불린다. 학자들은 그의 철학적 경향이 범신론적 일원론의 형이상학에 가깝다고 평가한다. 바로 이 지점에서 그는 교회와 불화한다. 종교적 교의를 신비한 신의 섭리로 내버려 두지 않고 철학적으로 해석함으로써 전통적 관념을 이탈해 나갔기 때문에 브루노는 화형당한다.

근대를 연, 그러나 잊힌 철학자

⋯⋯⋯⋯ 꿈을 통해 브루노는 시간과 공간을 수학적으로 규정하는 아리스토텔레스적인 '닫힌 우주'에서 무한한 우주로 월경한다. 브루노에게 우주는 무한하다. 신이 무한하기 때문에 신에 의해 피조된 우주 역시 무한한 것이다. 그러나 사실 무한 우주설은 당시 로마의 종교 지도자들이 가장 두려워하던 이단설이 아니었다.

전통적으로 중세 스콜라 철학은 무한한 신이 유한한 우주를 창조했다는 관점에 서 있다. 그러나 이런 입장에 설 경우 신이 그토록 무한하다면 왜 그로부터 도출된 세계는 이토록 유한한가라는 질문이 생길 수 있다. 이런 맥락에서 브루노는 우주가 곧 신이 전개된 것이며, 바로 그 이유 때문에 신과 마찬가지로 무한하다는 생각이야말로 진정으로 신을 찬양하는 길이라고 믿었다. 부동하는 지구가 우주의 중심이라고 믿은 고대 그리스의 천문학자 프톨레마이오스Ptolemaeus처럼 인간의 관찰에 따라 지구와 우주를 구분하고 상하를 나누는 방식은 우주를 유한성에 가두고 이를 절대화하는 것에 불과하다. 태양을 중심으로 지구를 비롯한 천체의 회전을 주장했던 코페르니쿠스의 발상이야말로 무한한 우주에 대한 올바른 인식이 될 것이다.

16세기, 즉 처음으로 지구가 돈다고 생각했던 코페르니쿠스의 시대까지 유럽인들은 고대 그리스의 천문학자 프톨레마이오스가 제안한 우주 모델을 따랐다. 프톨레마이오스는 관측에 근거해서 움직이지 않는 지구가 우주의 중심이며 그 둘레를 여덟 개의 다른 하늘이 감싸고 있다고 생각했다. 우주에 대한 실제적 관측을 가능하게 해 준 망원경이 발명되기 전, 인간은 오직 육안으로만 우주를 관찰할 수 있었다. 인간의 눈에 포착된 하늘은 고정되어 있으며 움직이는 것은 오직 지구를 감싸고 있는 천체들이었다. 특히 일찍부터 유럽의 사상과 문화, 정치를 지배한 기독교적 세계관에서는 신이 특별히 창조한 지구가 우주의 중심이며 우주는 오직 인간을 위해 존재하는 신의 선물이었다. 그러나 코페르니쿠스는 지구는 우주의 중심이 아니라 태양 주위를 도는 행성 중 하나임을 가르쳐 주었다.

유럽인들은 논쟁 끝에 코페르니쿠스를 거치고 나서야 지구가 아니라 태양이 우주의 중심이며, 천구가 아니라 지구가 회전하기 때문에 낮과 밤이 바뀐다는 사실을 받아들이기 시작했다. 코페르니쿠스보다 후대에 태어난 브루노는 고대의 프톨레마이오스는 물론 바로 전 시대의 코페르니쿠스를 대담하게 뛰어넘은 사변적 결론에 도달했다. 브루노의 우주는 태양을 중심으로 도는 구 형태의 세계가 아니라 한계가 없는 무한한 것이었다는 점에서, 천구天球의 관념을 벗어나지 않았던 코페르니쿠스조차 뛰어넘었다고 할 수 있다. 프톨레마이오스는 물론 코페르니쿠스의 우주 역시 수학적 질서로 표현될 수 있는 닫힌 체계였지만 브루노의 우주는 중심이 없는 상태에서 끝없이 확장될 수 있는 무한한 세계, 즉 열린 체계였던 것이다.

브루노에게 우주는 외적으로 무한히 연장되며 신은 내재적으로 무한하다. 신은 일종의 산출하는 자연natura maturans으로서 산출되는 자연natura naturata 즉 세계의 근본 원인이다. 문제는 우주의 무한성을 인정할 경우 우주 안에 수많은 다른 세계가 존재할 수 있다는 점이다. 그렇다면 예수의 탄생과 부활 같은 일회적인 유일한 사건의 의미는 약해질 것이다. 브루노와 같은 관점에 서면 형이상학에 창조주에 의한 일회적인 창조와 같은 관념이 들어올 수 없게 된다.

브루노의 체계에서 신은 차라리 세계에 내재된 근원적 힘이 되고 우주 혹은 세계는 그 힘을 통해 스스로 활동하는 존재가 된다. 이미 질료 즉 세계 속에 그것을 산출하는 원인이 담겨 있는 이러한 세계에서 인격적 신도, 그 인격적 신에 의한 창조도 큰 의미를 갖기 어려운 것이다. 인격적 신이 온 우주를 창조했다는 관점에서 세계와 인간을 설명해 왔던 전통적 사상가들과 교회 지도자들이 수용할 수 없는 발상이었다.

무한한 우주의 관념은 브루노의 종교 재판에서 가장 큰 죄목은 아니었지만 결과적으로 다른 항목들과 함께 그를 종교재판소와 감옥으로 이끌었던 것은 사실이다. 로마에서 7년이나 당한 고문 끝에 브루노는 자신의 주장을 철회한다는 철회서를 제출하기도 했다. 그러나 그는 곧 이를 취소했다. 신념을 꺾고 목숨을 부지하는 대신 자신이 믿는 철학적, 종교적 진리를 택한 것이다.

꿈에서 본 세계를 형이상학적으로 증명하려던 그의 학문적 노력은 끔찍한 고문과 화형으로 돌아왔지만 적어도 한 가지 분명한 것이 있다. 후대 사람들은 브루노를 화형에 처한 교회 세력이 아니라 우주에 대한 통찰로 근대적 사유의 토대를 만든 브루노를 기억한다는 것이다. 다만 적어도 그에게 돌아갈 기억의 지분은 지금보다는 커야 할 것으로 보인다. 그것은 그가 고난 속에 화형당했기 때문이 아니라 그가 꿈에서 본 세계가 첨단 과학으로 증명된 지금 우리의 세계와 유사할 정도로 앞서 갔기 때문이다.

몰락한 양반의 후예

브루노처럼 꿈이 학문의 길을 열어 주고, 동시에 삶을 막았던 사례를 동양에서도 찾을 수 있다. 국운이 기울던 19세기 조선에서 '동학'을 창도한 최제우가 바로 그런 인물이다. 최제우는 1824년, 경주의 한미한 가문에서 태어났다. 아버지가 지어 준 이름은 제선濟宣이었다. 최제우 집안은 최치원의 후예로 알려진 경주 최 씨 가문 중 한 지파였지만 아버지 대까지 몇 대째 과거 급제자를 내지 못한 몰락한 집안이었다. 최제우의 아버지 최옥도 무려 아홉 번이나 과거 시험에 응시했지만 번번이 최종 시험에 낙방하고 말았다. 사실 당시에 지방의 한미한 가문 출신 선비가 오직 자신의 능력만으로 과거에 급제하기를 기대하는 것은 어려운 일이었다. 그 정도로 조선 후기 사회는 부패해 있었다.

　최옥은 몰락한 집안을 일으키지 못한 무능한 가장이었지만 젊은 시절 최제우의 입장에서 아버지의 처지는 아들보다 나은 것이었다. 나름 근방에서는 명망이 있는 스승이었기 때문이다. 최옥의 집에는 늘 제자들이 찾아왔고 그가 죽은 뒤에는 제자들이 스승의 글을 모아 문집을 만들기도 했다. 그러나 최제우가 태어나기 전에 최옥은 두 번이나 상처하고 아들을 두지 못한 채 늙어 가고 있었다.

　최옥이 외아들 최제우를 얻은 것은 육십이 넘어서였다. 최제우는 과부인 한 씨 부인과 재혼하며 처음으로 아들을 얻었다. 무력한 아버지와 재가한 어머니 사이에서 태어났다는 점에서 최제우의 미래는 이미 한계가 그어져 있었다. 어머니가 첩실은 아니었으므로 엄밀히 말해 서자라고 할 수 없지만 여성의 재가를 금지하던 조선에서 재가한 여인이 낳은 자식이라는 꼬리표는 그의 앞길에 족쇄와도 같은 것이었다. 그런 탓에 과거를 볼 수 있었던 아버지와 달리 최제우는 과거 시험 응시조차 쉽게 허락되지 않았다.

　성장 과정 역시 평탄치 않았다. 최제우는 어려서부터 영남학맥을 이은 부친의 가르침을 받았지만 열 살에 어머니를 잃고 열일곱에는 아버지까지 잃었다. 삼년상을 치른 뒤 열아홉에 결혼했는데 스무 살 무렵에 화재로 아버지의 유일한 유산인 집마저 사라졌고 이후 그의 삶은 더욱 곤궁해졌다. 그에게는 아무것도 남은 것이 없었다. 당시 최제우는 마땅히 할 일이 없어 활쏘기나 말타기를 하며 무예를 익혔다고 한다.

그러다 스물한 살이 되던 1844년 최제우는 집을 떠날 결심을
한다. 농사도 지을 줄 몰랐고 훈장 노릇으로는 생계유지가 어려웠
으니 먹고살 일도 걱정이었지만 세상에 대해 배우고 싶은 마음이
더 컸다. 이른바 '주유팔로周遊八路'라고 불리는 최제우의 여정은
이후 10년간 계속된다. 10여 년간 최제우는 무명이나 약재 같은 물
건을 팔며 행상을 하기도 했고 도교나 침술을 배우기도 했다. 조선
에 막 퍼져 나가기 시작하던 서학西學에 대해서도 들었다. 그러나
무엇보다 이 여정을 통해 그는 백성들의 궁핍하고 험난한 삶을 뼈
저리게 경험한다. 몰락한 양반으로서 자신의 불행뿐 아니라 자신
보다 더욱 곤궁했던 조선 민중의 고통과, 그 고통의 원인인 지배층
의 부패와 병폐들을 직접 목도한 것이다.

최제우가 장사를 하며 전국을 떠돌았던 19세기 중반의 조선은
말 그대로 어둡고 혼란스러운 시대였다. 우리는 삼정의 문란이나
외세의 침입, 지방 수령의 수탈 등 19세기 조선의 상황을 묘사하
는 교과서적 표현들에 익숙하다. 깊은 병을 앓고 있던 조선을 돌아
보고 난 뒤 최제우는 어떻게 하면 세상을 바꿀 수 있을지 고민하기
시작했다. 그는 서양의 학술과 기독교에 희망을 걸어 보기도 했지
만 아편전쟁과 전쟁 배상을 빌미로 영국이 중국을 침탈했다는 소식
을 전해 들은 뒤에 서양의 야욕과 한계를 깨닫고 그마저 포기했다.

결국 최제우는 1854년 봄에 방랑을 끝내고 경주 용담의 집으로
돌아왔다. 주유周遊를 끝내고 사색과 구도를 택한 것이다. 그해 가
을 암자에 들어가 구도하던 최제우는 자신을 이상한 눈초리로 보

던 마을 사람들을 피해 부인의 고향인 울산으로 옮겨 갔다. 그러던 어느 날, 그는 유곡동幽谷洞 여시바윗골의 초당에서 낮잠을 즐기다가 꿈을 꾼다. 꿈속에서 어떤 낯선 사람이 찾아와 그에게 책 한 권을 주고 간다. 내용은 전해지지 않지만 '하늘에 기도하라[祈天之書]'라는 내용이 적혀 있었다고 한다.

이런 신비체험을 겪은 뒤 최제우는 더는 세상을 떠돌지 않기로 결심한다. 그는 작심하고 수행을 시작했다. 서른세 살이었던 1856년에 그는 다시 내원암이라는 암자로 거처를 옮겼고 그다음 해에는 적멸굴이라는 동굴에서 기도하기도 했다. 장소를 옮겨 가며 구도를 했지만 사실 크게 달라지는 것은 없었다. 어딘가 막혀 있는 듯했다.

결국 그는 수도를 접고 내려왔고, 생계를 위해 무언가를 시작해야 했다. 최제우가 택한 것은 철점 즉 철제품 생산업이었다. 그는 그나마 남아 있던 작은 논을 저당 잡혀 철물 제조업에 뛰어들었다. 일종의 용광업이라 할 수 있는 사업을 시작했지만 당시 많은 이들이 소자본으로 유사한 업종에 뛰어들었을 뿐 아니라 일종의 투기성 사업이었기 때문에 이 역시 큰 빚만 남긴 채 2년 만에 접어야 했다. 1859년의 일이었다. 빚이 늘자 채권자들이 집에 찾아와 난동을 부리기도 했다. 빚을 갚으라며 행패를 부리던 할머니가 최제우가 휘두른 팔에 맞아 정신을 잃는 사건도 있었다. 이때 최제우는 죽은 듯 보이던 할머니에게 숨을 불어넣어 살려 놓았다고 한다. 후대의 기록은 교조가 겪은 사건을 죽은 사람을 살린 일처럼 신비화하고 있지만 먼 거리에서 바라보면 그저 빚에 쪼들린 무능한 가장이 겪은 안타까운 풍경일 뿐이다.

그에게 남은 것은 아무것도 없었다. 결국 빈손으로 식솔들을 이끌어 고향의 초가로 돌아간다. 10년간의 주유, 수년간의 구도, 사업과 실패를 겪고 돌아온 최제우는 어떤 심정이었을까. 회복하기 어려운 뼈저린 실패 앞에서 그는 이름을 고치는 것으로 결의를 다졌다. 제선이라는 이름 대신 그는 '우매한 창생을 구제한다'는 의미의 제우濟愚를 쓰기로 결심했다. 수운水雲이라는 호 역시 이때 바꾼 것이다.

구도자에서 교조로

고향에 돌아오고 해가 바뀌었다. 1860년의 일이었다. 최제우의 나이는 서른일곱, 당시로서는 이미 중년에 접어든 나이였다. 그러나 그의 인생은 새로운 국면을 향해 조금씩 전환하고 있었다. 그해 음력 4월, 그러니까 양력으로는 5월 하순의 일이었다. 어느 날 옆 마을에서 조카가 생일이라며 최제우를 잔치에 초대한다. 최제우는 썩 내키지 않았지만 청을 물리칠 수 없어 잔치에 참석했다. 그러나 잔칫상을 물리자 몸과 마음에 이상한 기운이 느껴졌다.

서둘러 집에 돌아와 간신히 자리를 펴고 눕자 곧 꿈인지 생시인지 모를 환상이 시작되었다. 최제우는 꿈속에서 낯선 목소리를 듣는다. 이 특별한 체험은 동학의 가장 중요한 경전인《동경대전東經大全》을 비롯해 여러 문헌에 기록되어 있다.

> 뜻밖에 사월에 마음이 섬뜩해지고 몸이 떨리는데도 무슨 병인지 알 수도 없고 말로 형언하기도 어려웠던 때에 어떤 선어仙語가 홀연히 귀에 들리므로 놀라 물으니 대답하시기를 "두려워 말고 무서워 말라. 세상 사람이 나를 상제上帝라 부르니 너는 상제를 알지 못하는가"라고 하셨다. 그 까닭을 물으니 대답하시기를 "내 또한 공功이 없으므로 너를 세상에 내어 사람들에게 이 법을 가르치게 하니 의심치 말라, 의심치 말라"고 하셨다. 또 묻기를 "그러면 서도西道로써 사람을 가르쳐야 합니까" 하였다. 이에 대답하시기를 "그렇지 않다. 나에게 영부靈符가 있으니 그 이름은 선약仙藥이요 그 형상은 태극이며 또한 그 형상은 궁궁弓弓이니 나의 이 영부를 받아 사람들을 병에서 구제하고 나의 주문을 받아 나를 위하도록 사람들을 가르치면 너 또한 장생하여 덕을 세상에 펴게 될 것이다."
>
> ―《동경대전》,〈포덕문〉

이 꿈속에서 그는 상제 즉 한울님을 만난다. 상제는 최제우를 호명하며 자신이 누구인지, 그리고 최제우가 무엇을 해야 할지 알려 준다. 최제우는 이 세계의 주인인 상제로부터 세상 사람들을 구제할 임무를 부여받은 것이다. 이때 영부는 병에서 사람을 구하는 선약이며 주문은 한울님을 만나도록 해 주는 말이었다.

꿈인지 생시인지 모를 이 체험은 신적 존재와 합일하는 일종의 신비체험이라고 할 수 있을 것이다. 이 체험을 통해 최제우는 동학의 가장 중요한 가르침 중 하나인 오심즉여심吾心卽汝心 즉 '상제의 마음이 곧 나의 마음'이라는 일종의 종교적 합일의 경지를 경험하게 된다. 부패하고 타락한 조선 사회를 바꿀, 즉 새로운 세상을 위한 새로운 가르침의 문이 열리는 순간이었다.

신비롭고 놀라운 경험이었지만 이 체험으로 최제우가 곧바로 변한 것은 아니었다. 최제우가 상제의 가르침을 내면화하는 데는 1년이 넘게 걸렸다. 그사이에 최제우는 몇 달 동안 상제와 물음을 주고받았고 그런 과정을 거친 뒤에야 결과적으로 '오심즉여심'에 이를 수 있었다고 고백한다. 그동안 그의 부인 박 씨는 남편이 자문자답하는 것을 보고 정신 이상으로 생각해 수차례 연못에 투신해 자살을 시도했다고 한다. 최제우에게는 깨달음을 향한 자기 변화의 과정이었지만 지켜보는 가족에게는 그저 현실에 적응하지 못한 정신 이상으로 보였던 것이다.

그의 삶은 꿈에서 종교적 비전을 체험하기 이전과 이후로 나뉜다. 세상에 나갈 수 없는 몰락한 양반으로부터 꿈에서 본 우주와 인간의 진실을 가슴에만 품을 수 없어 세상에 나가 전하려 했던 종교 지도자로 변신한 것이다. 최제우는 한낮의 꿈을 통해 혼자 수도하는 구도자가 아니라 자신의 깨달음을 다른 이들에게 선포하고 설득하는 '교조敎祖'로 자처하기 시작한다.

동학을 세우다

────── 최제우가 본격적으로 포교를 시작한 것은 수련의 시간을 보낸 뒤인 1861년 6월부터다. 1년간의 구도와 수행 끝에 최제우는 상제가 자신에게 준 사명에 따라 자신이 나아갈 방향을 확실히 정하게 되었고 다양한 글로 자신의 깨달음을 정리하기 시작했다. 1861년 4월 마침내 최제우는 새로운 가르침을 열기 위해 교리 체제와 주문, 수행법을 정리해서 내놓는다.

그는 이 새로운 가르침을 '동학東學'이라고 불렀다. 최제우는 시운이 다한 조선 왕조를 바꾸어 새로운 시대, 새로운 세상으로 나아가야 한다고 믿었다. 동학은 이 새로운 시대, 새로운 세상을 위한 토대이자 지침의 역할을 한다. 최제우가 자신이 깨닫고 세운 가르침을 '동학'이라 불렀던 것은 조선에 들어온 서양 학술 즉 서학의 한계에 대한 인식 때문이었다.

그는 서양이 가진 힘의 원천을 서학에서 찾았다. 특히 아편전쟁 즉 중영전쟁에서 중국이 패배했다는 소문을 들은 뒤 서학으로 인해 중국이 멸망하게 될지도 모른다는 위기감을 느꼈다. 그런 배경에서 그는 서학보다 더 근원적인 가르침을 찾아 조선을 위기 상황에서 구해야 한다고 생각했다. 그는 자신이 서학의 창도자보다 늦게 태어난 것을 한탄하며 자신의 가르침을 '동학'이라고 명명한다. 최제우는 서학은 대안이 아니며 위기 해결의 유일한 대안은 자신이 하늘로부터 받은 가르침 즉 동학이라고 믿었던 것이다.

동학의 핵심은 우주 만물의 근원인 상제 즉 한울님과의 관계를 통해 자신과 타인을 구제하여 올바른 세상을 만드는 것이다. 이때 천주天主라고도 표현되는 상제上帝 즉 한울님은 일종의 인격적 존재이지만 초월적으로 세상 밖에서 이 세계를 창조하고 전권을 가지고 있는 기독교적 신과는 다르다. 한울님은 세계 밖에 존재하는 추상적이며 초월적인 존재가 아니라 각 사람의 내면에 모셔져 있는 내적 존재이기 때문이다. 이를 시천주侍天主라 부른다.

모든 사람이 한울님을 자기 안에 모시고 있다는 시천주 사상은 신분의 귀천, 남녀노소에 관계없이 누구나 동학의 가르침대로 수련하면 자기 안에 모셔진 한울님을 체험할 수 있다는 믿음이라고 할 수 있다. 인간의 내면에 이미 신성 혹은 우주적 정신이 깃들어 있으며 특별한 수련을 통하거나 우연한 계기에 의해 그 신성과 합일할 수 있다는 이러한 가르침은 결과적으로 한 사람 한 사람이 귀한 존재이며, 또 신분상의 제한이나 차별 없이 평등한 존재일 수 있음을 내포한다. 몰락한 양반 최제우가 세운 동학이 왜 농민들의 지지와 목숨을 건 참여로 이어졌는지 알 수 있는 대목이다.

오심즉여심, 시천주의 가르침은 누구나 실천 가능하지만 실제로 사람들이 그런 합일의 경지에 이르지 못하는 것은 각자 자기 마음에 사로잡혀 있기 때문이다. 최제우는 세상이 타락하는 원인을 각자위심各自爲心 즉 자기를 기준으로 삼고, 자기만 위하는 마음이라고 파악한다. 그런 마음으로는 상제와 합일할 수도, 자기를 변화시킬 수도 없다. 그러나 자기 변화를 위한 노력이 모이면 우주는 예전의 틀을 버리고 새로운 단계로 나아간다. 이른바 후천개벽이 실현되는 것이다.

최제우에 의하면 우주는 고정된 것이 아니라 시간적으로 진화하고 있다. 선천의 세상은 개벽에 의해 모든 악이 일시에 소멸되는 후천의 세상으로 바뀔 것이다. 최제우는 이 우주의 진화에 인간이 적극적으로 개입해야 한다고 믿었다. 이렇게 우주적 질서와 합치된 상태를 그는 '천지와 그 덕을 하나로 합하는 상태[與天地合其德]'라고 생각했다. 이러한 상태가 바로 사람이 사람다워지는 길이며, 동학이 진정으로 추구하는 세계라고 할 수 있을 것이다.

반역자의 낙인, 혁명의 시작

최제우가 포교를 시작하자 용담정이 가르침을 구하려는 사람으로 붐볐다고 한다. 많은 이들이 소문을 듣고 최제우를 찾아왔던 것이다. 동학의 교세가 커지기 시작했다. 그러나 동학에 입문하는 사람들이 늘면 늘수록 유림들의 의심의 눈초리와 견제 또한 점차 심해졌다. 유불도 삼교의 성격을 모두 담고 있으면서 상제를 내세워 사람들을 이끄는 동학이 그들 눈에는 세상을 어지럽히는 이른바 좌도로 보였을 것이다. 조선과 같은 봉건적 지배 질서에서 왕이 아니라 상제를 경배하는 것은 체제에 대한 반역으로 취급되었다. 동학은 최제우가 포교를 시작한 지 2년도 되지 않아 삼남 일대로 그 세력을 넓혀 나갔지만 그에 따라 최제우를 관에 고발하는 유림들도 늘어나기 시작했다.

최제우는 신도들의 권유로 남원으로 피신하기도 했지만 1863년 12월 10일 용담정에 모여 있는 다른 제자들과 함께 관아에 체포되었다. 그 후로 대구 감영에 이송될 때까지 한 달여간 최제우는 포졸들에게 모욕을 당하기도 했지만, 가는 길목마다 최제우를 기다리며 횃불을 밝힌 채 울고 있는 동학 교도들을 만나기도 했다. 결국 최제우는 이듬해인 1864년 3월 10일 대구에서 참형을 당했다. 사술邪術로서 정학正學을 어지럽히고 백성들을 현혹시켰다는 죄목이었다. 최제우의 포교와 실천은 봉건 지배와 외세 침략으로 세상이 기울고, 그 기울기에 따라 고통이 한쪽에 몰리는 상황을 개선하려는 상생의 노력이었지만 약자에게 고통을 전가하면서도 별다른 방법이 없었던 지배계층에게는 동학의 존재 자체가 체제에 대한 도전이고 왕조에 대한 위협이었을 것이다.

사실 동학 창도라는 최제우의 결단을 곧바로 봉건 체제의 혁파나 제도의 근대적 변혁과 연결시키기는 어렵다. 전봉준이 주축이 된 동학 농민 운동에 우리는 '혁명'이라는 용어를 사용하지만 이는 최제우가 죽은 뒤 2대 교주 최시형 때의 일이다. 최제우가 창건하고 포교할 당시 동학에는 혁명적 성격은 물론 종교적 성격도 그리 강하지 않았다.

동학은 2대 교주였던 최시형을 거치면서 민족 종교로서의 성격이 강화되었고 3대 교주 손병희 때 천도교로 명칭을 바꾸면서 보다 분명하게 민족 종교의 성격을 띠게 되었다. 그러나 최제우가 창건할 당시의 동학은 일종의 종교라기보다는 철학적 사상에 가깝다는 평가를 듣는다. 동학은 최제우 본인이 선언했듯 유불도 삼교에 서학의 이념까지 합일된 절충적이고 종합적 사상이라고 볼 수 있다.

그러나 결과적으로 동학은 최제우가 처형당한 이후 2대 교주 최시형 때 지역의 접주였던 전봉준이 농민들을 이끌어 동학농민혁명을 일으키는 과정에서 사회 전체로 확대되었다. 전봉준이 봉기를 일으킴으로써 동학은 부패한 봉건적 체제를 해체시키고 근대적인 체제를 수립하고자 했던 농민혁명의 성격을 띠게 되었고 따라서 조선 사회 변혁의 동력을 제공하는 토대가 되었다. 단순한 내적 변화나 혹은 종교적 각성을 추구하는 종교 활동이 아니라 정치·경제·사회 전 영역에 영향력을 발휘할 혁명 사상 혹은 변혁 사상으로 확장된 것이다.

전봉준이 주축이 된 동학농민혁명은 억압받는 민중을 위한 새로운 종교이자 체제를 바꿀 혁명적 사상이 동학에 내포되어 있음을 증명한다. 그러나 적어도 최제우가 동학의 체제를 세웠을 때 목표로 했던 것은 체제 변혁이나 농민 봉기 자체는 아니었을 것이다. 최제우가 남긴 여러 글들은 그의 사상적 지향이 '인간'에 있음을 보여 준다. 한울님을 모시고 있다는 의미의 '시천주'에서 핵심은 천주 자체가 아니라 '모심'이라는 인간의 자발적이고 주체적 행위이며, 그 주체적 행위를 통해 우주와 합일하는 인간의 자아다.

동학에서 천주는 섬김의 대상이지만 동시에 인간의 마음에 내재해 있는 존재라는 점에서 결국 천주를 모시는 행위는 단순히 신적 존재를 경배하는 것이 아니라 근원적 존재와 합치되는 경험을 통한 자기 변화를 의미하는 것이었다. 최제우는 사회적 조건이나 생물학적 한계에 갇히지 않는 일종의 영적 자아를 발견하고 이로부터 자신과 세상을 변화시키도록 사람들을 독려해 나갔다. 그는 어떤 날의 꿈에서 직접 상제를 만나고, 상제가 이미 자기의 내면에 깃들어 있는 존재임을, 이를 모시려는 적극적인 노력과 수행이 자기 구원의 토대임을 깨달았던 것이다.

계시로서의 꿈

우리는 늘 꿈을 꾼다. 그날의 인상 깊은 일들이 변형되기도 하고, 기대했던 미래가 나타나기도 한다. 바라거나 혹은 두려워하던 것들이 전형적인 형상이 되어 등장하기도 한다. 지금은 없는 특별한 사람들과 동물이나 낯선 것들이 찾아오는 꿈을 꾸고 난 뒤 어떤 날은 일어나 울고, 어떤 날은 슬그머니 웃으며 또 어떤 날은 복권을 사기도 한다. 그러나 우리 중의 어떤 사람들은 일생을 바꿀 일종의 계시를 경험하기도 한다. 이들 중 또 어떤 이들은 자신의 꿈을 종교적 각성이나 자기반성의 재료가 아니라 학문과 사상을 펼쳐 갈 지적 계시로 받아들이기도 한다.

이런 이들은 자신의 꿈속에서 환상 속에서, 지금 발을 딛고 선 땅이 아니라 다른 세상을 본 사람들이라고 할 수 있을 것이다.

꿈에 이끌려 철학적 전환에 이른 브루노나 최제우 같은 사람들은 아마도 혁명을 기획한 것이 아니라 새로운 사상, 새로운 세계관을 펼치고자 했을 것이다. 물론 이들의 사상적 도전은 전통적 세계관에 대해, 그리고 그에 기초해 세계와 인간을 설명해 왔던 지배층에게 위협이 되었다. 신의 신성과 인격성, 심지어 삼위일체나 신에 의한 창조조차 무화시킬 수 있는 브루노의 사상이 교회에 위협이 되었다면 이제 조선의 시운이 다했으며 결국 새로운 세상이 도래한다는 최제우의 후천개벽 사상 역시 조선 왕조나 유림들에게 이단으로 비추어졌을 것이다.

만일 최제우가 어느 날 한낮의 꿈을 꾸지 않았다면 그는 아마 암자에서 평생 구도하는 수도자로 늙어 갔을지도 모른다. 세상을 바꾸고 싶었지만 아무런 수단도 방법도 없었던 몰락한 지식인은 그저 개인적 삶의 실패를 짊어지고 곤궁한 채 방향도 결과도 알 수 없는 구도에 매달리며 주변 사람들의 비난을 받았을지 모를 일이다. 그러나 어느 날의 꿈은 그의 삶을 전환시켰고, 수명을 극단적으로 단축시키는 대신 사상의 시효를 현재까지 확장했다.

물론 브루노도 최제우도 어느 날의 신비한 꿈이 아니었더라도 자신의 깨달음을 밀고 나갔을 것이고 그래서 낯선 생각을 경계하는 낡은 시대의 제물로 희생당했을지 모른다. 아마 그랬을 것이다. 그러나 그들이 꾼 꿈은, 그들을 인도한 꿈은 적어도 그들의 깨달음을 극단으로 밀고 나가는 역할을 했다고 할 수 있다. 아마도 이들은 꿈에서 본 어떤 극단極端을 평생 가슴에 새기고 현재의 자기를 버리는 사상적 모험과 전환을 시작했던 사람들일 것이다.

복권을 살까 망설이게 하는 소박한 꿈으로 아침을 열고, 책상 앞에 미래의 기대를 담아 써 붙인 문구로 자기를 바꾸어 나가려는 소시민에게 시효 없는 꿈의 낙인으로 삶을 전환하고 역사에 이름을 남긴다는 것은 어쩌면 불가능한 일이겠지만, 그럼에도 불구하고 우리는 안다. 꿈이 거대해서가 아니라 자기의 꿈에 삶의 값을 모두 치르려는 무모하면서도 과감한 정신 때문에 세상이 조금씩 움직여 왔다는 것을. 꿈에서 들려온 목소리로 삶을 바꾸는 어떤 이의 용기 때문에 세상이 달라졌다는 것을.

홍수전과 로자 룩셈부르크

변혁하는 삶 Chapter 4

누구라도 혁명가가 되고자 한다면 외로울 각오를, 그리고 무엇보다 모든 것에 대해 일률적으로 무정할 각오가 되어 있어야 할지도 모른다. 우리가 어떤 혁명가들을 기억해야 하는 이유가 바로 여기에 있다. 혁명이 단순히 변화의 누적적 결과가 아니라 수배령과 체포, 투옥과 처형으로 이어질 수도 있는 불안한 선택이며, 이 선택을 견디는 어떤 힘이 약자에 대한 무한한 애정이자 동시에 자신과 주변에 대한 냉담에서 나오는 것이라면, 누가 그들을 기억해 주겠는가.

변화의 꿈, 혁명의 도발

———————— 이 시대 '혁명'이라는 말은 얼마나 다양하고도 사소한 맥락에서 발화되는가. 서점에서, 인터넷 검색창에서, 거리의 플래카드에서 우리는 각기 다른 수많은 혁명들을 만난다. 우리가 아는 혁명 가운데는 영국의 명예혁명, 러시아의 볼셰비키 혁명, 조선의 동학농민혁명, 프랑스의 68혁명처럼 공

인되어 있는 정치적 혁명들도 있지만 교육 혁명, 건강 혁명, 디지털 혁명, 연애 혁명처럼 체제 변혁이나 정치적 전복과는 관계없는 수많은 일상적 변화들도 있다.

어떤 변화가 임계점을 넘어갈 때 우리는 그것을 '혁명'이라 부른다. 역사가 보증하는 혁명은 사실 구제도에 대한 급진적인 정치적 개혁을 의미하며, 이 개혁이 부와 권력을 가진 집권층이 아니라 대중의 손에서 시작되는 경우로 한정된다. 본래 revolution혁명은 별의 회전을 의미하는 라틴어 revolutio에서 비롯된 천문학적 용어였지만 지금은 폭력 등의 방법을 수반하는 대중적인 사회 운동을 통해 국가 혹은 정권을 축출하고 새로운 권력을 수립함으로써 사회 전반을 개혁하는 정치적 전환을 의미한다.

물론 정치체제의 변화와 관계없이 사회적, 경제적 변화에도 혁명이라는 용어를 사용할 수 있다. 산업 혁명, 농업 혁명, 과학 혁명처럼 하나의 중심에서 발화한 변화의 영향이 사회 전체에 지속적이면서도 전면적으로 파급될 때 우리는 이를 '혁명'으로 부른다. 그러나 사실 어떤 시대 어떤 상황에서건 모종의 실천이나 변화를 '혁명'으로 정의하려는 사람들이 있어 왔다. 누군가를 설득해서 모종의 극적 전환을 실현하기 위해 어떤 이들은 '변화' 같은 온건한 단어가 아니라 보다 급진적이고 강력한 이미지를 환기시키는 '혁명'이라는 단어를 수사적으로 선택하는 것이다.

혁명이라는 단어가 많이 쓰이면 쓰일수록, 우리 사회가 '변화'에 얼마나 절실하게 매달려 있는지를 알 수 있다. 보통의 우리들은

홍수전과 로자 룩셈부르크

일상의 삶 속에서, 혹은 사회와 제도의 차원에서 모종의 변화를 꿈꾼다. 우리가 바라는 변화의 리스트는 어쩌면 우리를 둘러싸고 있는 혹은 막고 있는 부정적 조건의 리스트일 것이다. 우리는 현실의 어떤 벽, 어떤 굴절 앞에서 늘 달라지기를, 나아지기를, 극복하기를, 깨뜨리기를 기대한다. 그렇다면 우리가 꿈꾸는 변화란 어떤 고착된 상태, 혹은 부정적인 상황을 바꾸어 줄 안과 밖의 힘에 가까울지도 모른다.

수많은 부정의 리스트 앞에서 누군가는 꿈을 꾸고, 누군가는 다른 삶, 다른 세계를 설계하며, 또 누군가는 그 설계를 실천으로 옮긴다. 이처럼 꿈이 아니라 현실에서 변화를 실현하는 사람을 우리는 실천가나 운동가라고 부른다. 그러나 단순히 실천이나 운동에 그치지 않고 변혁의 원리를 만드는 사람, 변혁의 원리를 실제로 실천하기 위해 자신을 내던지는 사람을 우리는 '혁명가'라고 부른다.

19세기 러시아 혁명가 네차예프Sergey Gennadievich Nechaev, 1847~1882는 "혁명가는 어떤 종류의 교조주의도 경멸하며, 평화의 과학도 거부한다. 평화는 미래 세대의 몫이다. 혁명가가 아는 과학은 오직 하나, 파괴의 과학이다. 오로지 파괴만을 위해 혁명가는 밤낮으로 인민의 삶을, 인민의 특성과 처지를, 이 사회 구조의 모든 조건을 가능한 모든 층위에서 철저하게 연구한다. 목적은 같다. 이 더러운 구조를 가장 빨리 가장 확실하게 파괴하는 것"《네차예프, 혁명가의 교리문답》필립 폼퍼 지음, 윤길순 옮김, 교양인, 2006 참조이라고 말한다. 왜 어떤 이들은 사회의 점진적인 변화를, 개혁의 가능성을 믿지 않고 폭력과 그에 따른 고통과 사회적 손실을 동반해야 하는 혁명이라는 급진적 전환을 꿈꾸는가? 변화는 왜 누군가에게서 말이 아니라 실천으로, 이념이 아니라 목숨을 건 투쟁으로 발화되는가?

역사적으로 어떤 시대나 어떤 사회나 늘 어딘가를 향해 불꽃을 내고 있는, 자기를 태워 부조리한 세상에 불을 내고 싶어 했던, 분신하는 영혼의 소유자들이 있었다. 실천가나 운동가가 아니라 혁명가는 시간의 흐름을 단번에 접거나 꺾어서 점진적인 과정들을 단번에 축약함으로써 지금 이 순간을, 앞으로 도래할 미래가 아니라 발을 딛고 선 현재를 전복하여 변화를 눈앞에서 실현하고자 하는 사람들이다. 그리고 무엇보다 그러한 전복에 따르는 수많은 위험과 위협을 감당할 준비가 되어 있는 사람들일 것이다.

우리는 생각보다 많은 혁명가들의 이름을 알고 있다. 유럽에서 자본주의의 심장을 겨누며 사회주의 혁명을 이끌었던 마르크스와 레닌, 동학농민혁명을 이끈 지도자 전봉준, 쿠바의 혁명 지도자 체 게바라 등은 어린이용 전기로도 나와 있을 만큼 널리 알려진 혁명가들이다. 좀 더 시야를 넓히자면 20세기 초반에 활동하며 조선의 독립을 지지한 일본의 아나키스트 고토쿠 슈스이나 미국인 여기자 님 웨일즈가 쓴 《아리랑》의 주인공, 일제 강점기 사회주의자 김산 같은 인물이 우리에게 '혁명가'로 기억된다.

이들이 '혁명가'로 불릴 수 있는 것은 그들이 시도한 혁명이 성공했기 때문이 아니다. '혁명가'라는 이름은 그들의 실천의 결과에 관계없이 부여되는 것이다. '혁명'이 제도나 체제의 실질적인 변화가 아니라 혁명가로 지쳐간 이들이 품었던 이념과 이상에서 시작되기 때문이다. 그 어떤 시대에도, 그 어떤 세상에도 자신만이 아니라 대중 전체의, 사회 전체의 변화를 위해 내면의 횃불을 밖으로 던지는 '변혁하는 삶'의 주인공들이 존재해 왔던 것이다. 주어진 틀에 안주할 수 없는, 궤도 위의 안정된 삶 대신 속도의 불안을 택하는, 무엇보다 사회적 부조리와 모순을 자신만이 아니라 온 시대의 고통으로 감지하는 독특한 감수성의 소유자들 말이다.

이 장에서는 내부의 목소리를 따르다 비극적인 종말을 향해 나아갔지만, 바로 그 선택과 실천 때문에 도래하는 모든 시대에 늘 새롭게 회자되는 두 사람의 혁명가를 만나 보고자 한다. 20세기 초반 유럽에서 사회주의 혁명에 투신했던 이론가이자 급진적 사회주의자인 로자 룩셈부르크Rosa Luxemburg, 1871~1919와 19세기 중엽, 상제회를 조직해서 청 왕조에 대항하는 태평천국太平天國 혁명을 일으켰던 중국의 혁명가 홍수전洪秀全, 1814~1864이 그 주인공이다.

태평천국의 시대

19세기 중반은 쇠락한 봉건국가의 마지막 챕터가 펼쳐져 있던 때였다. 중국은 1840년과 1842년 두 차례에 걸쳐 영국과 이른바 '아편전쟁'을 치러야 했고, 이 전쟁에서 패배한 뒤 거의 반식민지 상태에 놓여 있었다. 영국, 프랑스 등 서구 열강이 침략자의 본성을 드러내고 있었지만 부패한 관료와 무능한 조정에 기대를 거는 중국인들은 거의 없었을 것이다. 시대적 불안과 사회적 불안이 극에 달하자 중국 내부에서는 영국과 프랑스 등 중국을 압박해 들어오는 외세의 위협을 극복하기 위해 다양한 정치적, 사회적 시도들이 나타났다. 서양을 배워야 한다는 양무운동이나 봉건적 왕조 체제를 개혁해서 서구 근대적 입헌군주제로 전환하려던 무술변법 등이 그것이다. 하지만 민중의 동의 및 지지와 관계없는 일방적인 위로부터의 개혁은 큰 효과를 거두기 어려웠다.

특히 아편전쟁으로 불리는 중영전쟁에서 패배한 후 청나라 조정은 영국에 배상금을 지불하기 위해 갖은 수단을 동원해 이전보다 더욱 모질게 백성들을 수탈했다. 사회적 모순에 가장 크게 고통받는 것은 역시 최하층인 농민들일 수밖에 없다. 중국 곳곳에서 농민 봉기가 일어난 것은 자연스러운 결과였다. 그중에서도 중국 사회에 가장 큰 충격을 주었던 것은 이른바 태평천국운동이라고 불리는 민중적 저항이었다.

태평천국운동은 1851년 세상을 악으로부터 구제하고 지상에서 천국을 이룬다는 명분으로 조직된 배상제회拜上帝會가 중심이 되어 봉기했던 대규모 농민 혁명이다. 그 중심에 서 있던 인물이 바로 서당에서 학생들을 가르치던 독서인讀書人 홍수전이다. 그는 몇 번이나 과거에 응시했다가 낙방한 불운한 인물이었다. 어느 날 우연히 얻은 기독교 관련 서적을 읽기도 하고, 꿈속에서 노인을 만

홍수전과 로자 룩셈부르크

나 일종의 계시 체험을 하는 등 기독교를 통해 종교적 각성에 도달한 독특한 이력의 소유자다. 결과적으로 홍수전은 종교적 체험 이후 이를 바탕으로 새로운 종교를 일으켜 자신을 그 중심에 세웠다.

그는 기독교를 모방해 중국 고대의 상제를 신과 같은 위치에 올려놓고 이를 중심으로 일종의 종교적 교단을 조직했다. 이 교단에 중국 사회의 부조리와 집권층의 수탈에 지친 민중들이 합류하면서 점차 혁명적 농민 봉기의 양상을 띠게 되었다. 그런 의미에서 태평천국혁명은 19세기 중국 사회가 안고 있던 심각하고도 전면적인 위기 상황을 적나라하게 표출한 사건이라고 할 수 있다.

이들은 봉기한 지 2년 만인 1853년에 남경을 점령하고 10여 개 성을 차지하는 등 세력을 넓혀 나가며 청 왕조에 위협을 가했다. 그러나 홍수전과 그의 동료들 그리고 봉건 왕조의 착취에서 벗어나고자 했던 농민들이 꿈꾸었던 지상의 유토피아 '태평천국'은 그리 오래가지 못했다. 대규모 봉기로 남경을 비롯해 상당한 지역을 차지하게 된 지 몇 년 지나지 않아 태평천국은 권력 투쟁으로 인한 내부의 분열, 태평천국 자체의 뿌리 깊은 봉건적 요소, 민중을 이끌었던 이상주의의 쇠퇴 등 한계를 만나면서 결국 1864년 지상에서 사라졌다. 이때 스스로를 상제의 아들인 천왕天王으로 칭했던 홍수전도 비극적 운명을 맞았다.

환상에서 각성으로

―――― 홍수전은 1814년 중국 남부에서 400여 명 규모의 하카[客家]족 촌장의 막내아들로 태어났다. 하카족은 중국 남부로 이주해 온 소수 민족으로 강한 자부심을 갖고 자신들의 전통을 유지하며 집단생활을 하는 독특한 부족이다. 중국의 국부로 불리는 손문孫文, 1866~1925이나 개혁 개방을 이끈 중국의 최고 지도자 등소평鄧小平, 1904~1997, 싱가폴의 이광요李光耀, 1923~2015 수상 등이 대표적인 하카 출신 인물들이다.

홍수전의 어린 시절 이름은 인곤仁坤이었으나 1837년 이후 수전으로 개명했다. 홍수전의 아버지는 중농으로서 마을 사람들의 신망을 받는 촌장이었다고 한다. 셋째 아들이었던 홍수전은 어려서부터 집안의 농사를 도우며 성장했지만 영특했기 때문에 집안의 기대를 한 몸에 받았고 그에 대한 마을 사람들의 기대 또한 컸다. 한 번도 중앙 시험인 회시會試 급제자를 내본 일 없는 가난한 이주민 집단 하카 촌에서 과거 급제자가 나온다는 것은 개인이나 집안뿐 아니라 마을 전체의 영광이었기 때문이다. 홍수전을 물심양면 후원했던 하카 사람들과 그의 가족은 영특했던 홍수전이 과거에 급제해 가족과 친척들에게 큰 보탬이 될 것을 믿어 의심치 않았다.

그러나 과거 시험의 벽은 너무 높았다. 그는 18세에 처음 과거 시험에 응시했지만 지방의 예비 시험 외에, 실제로 관직을 얻을 수 있는 중앙 시험에 통과하지 못했다. 22세에 본 과거도, 23세 때 치른 과거도 마찬가지였다. 부조리가 심한 사회에서 명문가 출신도 아니고 좋은 스승에게 배울 수 있는 재력도 충분치 않았던 홍수전이 높은 과거의 벽을 뛰어넘는 것은 매우 어려운 일이었을 것이다. 연이은 과거 실패로 인해 홍수전은 부모에 대한 죄책감과 자책으로 열병에 걸린 적도 있고 신경 쇠약 상태에 이르기도 했다.

홍수전은 마을의 서당에서 공부하며 과거 시험을 준비했지만 이후 세 번이나 더 낙방하고 마을 서당에서 아이들을 가르치며 생활했다. 어쩌면 홍수전의 삶은 청 말의 독서인 즉 지식인들의 일반적인 삶의 경로였다고 할 수 있을 것이다. 그러나 그는 이런 틀 안에 갇혀 있지 않았다. 실패가 그를 바꾸었다.

1837년, 홍수전은 과거 시험에 낙방한 뒤 큰 충격을 받아 40여 일이나 병상에 누워 있었다. 어느 날 그는 꿈에서 환영을 본다. 꿈속에서 홍수전은 한 노인으로부터 일종의 계시를 받는데, 노인은 홍수전에게 악령을 공격할 때 쓸 도장과 칼을 주며 악마를 전멸시키되 형제자매를 보호하라고 명한다. 그는 낯선 꿈을 꾸고 기이한 느낌을 받았지만 다시 일상생활로 돌아왔고, 꿈은 곧 잊혔다. 병상에서 일어난 뒤 홍수전은 다시 과거 시험 준비에 들어갔다.

1843년에 홍수전은 심기일전해서 과거 시험에 도전했다. 결과는 달라지지 않았다. 그러나 이해의 낙방은 그를 다른 길로 인도했다. 그는 다시 과거를 보지 않기로 결심했는데, 이 결심은 낙향해 학생들이나 가르치겠다는 안주나 타협과는 달랐다. 아예 스스로 새로운 과거제도를 만들겠다고 선언했기 때문이다. 그 결정의 바탕에 그가 자신의 깨달음으로 세운 새로운 종교가 있었다.

그를 움직인 것은 기독교 선교 서적이었던 《권세양언勸世良言》이었다. 당시 중국 남부 광주 지역에서는 서양 선교사들을 중심으로 개신교가 확대되어 가고 있었다. 《권세양언》은 기독교를 소개하는 책자로, 중국인 개신교도 양아발梁阿發이 영국 선교사 모리슨이 중국어로 번역한 성경에서 인용한 구절과 양아발 자신의 해설로 이루어져 있다. 독실한 불교 신자로, 목판에 글자를 새기던 가난한 각자공刻字工이었던 양아발은 개신교 선교사를 위해 종교적 소책자와 성서 등의 목판을 만들어 주다가 기독교 지식을 얻게 되었고, 결국 개신교 선교사로부터 세례를 받고 기독교 신자가 된 인물이었다. 《권세양언》은 그가 얻은 신구약의 기독교 지식과 자신의 영적 체험 등을 담기 위해 저술한 책이다.

사실 이 책은 유불도 등 중국 전통을 미신이나 우상숭배로 폄하하면서도 천당지옥설을 설명할 때 불교의 인과응보 관념을 끌어들이는 등 전통적 기독교와는 완전히 합치하지 않는 혼종적 성격의 포교서라고 할 수 있다. 아마도 이 혼종적 성격이 홍수전을 기독교로 개종한 종교인이 아니라 민중을 이끄는 혁명가로 이끌었을지도 모른다.

홍수전은 스물두 살이던 1836년에 길거리에서 만난 낯선 외국인과 그의 통역자로부터 이 책을 전해 받았다. 그러나 아직은 때가 아니었다. 홍수전은 책을 버리지는 않았지만 그렇다고 곧바로 읽지도 않았다.《권세양언》은 수년간 홍수전의 서가에서 먼지를 뒤집어 쓰고 있어야 했고 홍수전과의 진정한 만남은 뒤에 이루어졌다.

먼지 속에서 책의 신호를 제일 먼저 들은 것은 홍수전이 아니라 오랜만에 그를 찾아온 친구였다. 1843년 과거에 낙방하고 고향에 돌아와 있던 그는 어느 날 먼 친척뻘 되는 친구의 방문을 받는다. 그는 홍수전의 서가에서 낯선 책을 발견하고 그 책을 빌려 달라고 청한다. 바로《권세양언》이었다. 책을 다 읽고 다시 홍수전의 집을 방문한 친구는 홍수전에게 꼭 한 번 읽어 볼 것을 권하였고, 홍수전은 그러겠다고 약속한다. 얼마 뒤에 홍수전은 자신의 손으로《권세양언》을 펼치게 된다.

기독교적 세계관에 따라 인격신을 중심에 두고 세계를 선과 악으로 나눈 뒤 선에 의한 악의 징계를 논파하던 이 책을 통해 홍수전은 자신이 진정으로 원하는 것이 무엇인지, 왜 자신이 그토록 오랫동안 고통스러웠는지, 세상이 왜 그토록 혼란스러운지 알게 되었다. 이 세계는 악으로 가득 차 있으며, 상제의 뜻은 자신을 통해 이 악을 정벌하고 선의 세계를 세우는 것이었다. 이 책을 읽은 뒤에야 비로소 홍수전은 과거에 자신이 꾸었던 꿈의 진정한 의미를 깨닫게 되었다.

이제 그에게 자신의 꿈은 단순한 신비체험이 아니라 계시로 해석되기 시작했다. 꿈속의 노인은 상제上帝 즉 기독교의 신이며 자신은 그 신의 아들이라는 것이다. 홍수전은 자신이 예수의 동생이며, 오직 자신만이 상제와 통할 수 있다고 믿었다. 이후 그는 스스로 자신에게 죄를 씻어 내기 위한 세례를 행하는 등 기독교와 유사한 종교적 행위를 실천했다. 그는 자신이 상제로부터 세계를 악으로부터 구하고 모든 사람을 구하라는 명령을 받았다고 믿었다.

이후 홍수전은 1847년 광주에서 미국 출신 선교사 I. J. 로버츠로부터 기독교 교리를 배웠다. 이런 경험을 바탕으로 그는 기독교적 세계관을 유교, 도교 등 중국적 사유에 결합한 새로운 종교 배상제교拜上帝敎를 만들었다. 배상제교의 상제는 기독교의 신처럼 유일신으로서 만물을 창조하고 인간에게 영혼을 부여한 초월적 존재였지만 부인을 두고 예수 외에 홍수전까지 낳았다는 독특한 인격신이었다. 이런 발상을 토대로 그는 자신이 상제의 아들이자 예수의 동생이며 오직 자신만이 상제와 통할 수 있다고 선언하고 스스로를 천왕天王으로 칭했다.

홍수전은 먼 친척 조카였던 홍인간洪仁玕을 비롯해 풍운산馮雲山 등 주변인들에게 자신의 깨달음을 전하며 포교를 시작했고, 자신이 끌어들인 신자들에게 직접 세례를 베풀기까지 했다. 포교를 시작하자 신자들이 불어나기 시작했는데, 그 수가 청조를 전복시키고 지상에 태평천국을 열겠다는 목표로 대규모 반란을 일으킨 1850년에는 수만 명으로, 1853년경에는 수십만 명의 대규모 혁명군으로 확대되었다. 종교로서의 배상제회가 혁명으로서의 태평천국운동으로 진화한 것이다.

종교에서 혁명으로

사실 홍수전의 초기 활동을 놓고 보자면 그에게서 혁명가의 성격을 찾기는 어렵다. 그는 꿈속에서 노인에게 칼과 도장을 받으며 세상을 구제하라는 계시와도 같은 명령을 들었지만 이후에도 다시 과거 시험에 응시했다. 그 당시 홍수전은 혁명가는 물론, 종교 지도자나 선교사도 아니었다. 그러나 이후 우연히 만난 선교사 로버츠가 기독교에 대해 더 배우라고 제안하자 그는 광주로 들어가 기독교에 대해 공부했다. 만약 이런 경험이 그 안에서 그대로 정리되고 안착했다면 그는 아마 이름 없는 선교사나 혹은 기독교 포교사의 한 장에 이름을 남길 기독교 지도자가 되었을 것이다.

그러나 홍수전은 결코 전형적인 청나라의 독서인이나, 전형적인 기독교 선교사의 위상에 머무르지 않았다. 일단 그는 두 체계를 뛰어넘어 새로운 종교를 만드는 차원까지 나아갔다. 그러나 이 지점에서도 그에 대한 최종적 평가는 유보되어야 한다. 그가 단순히 신종교를 창시한 교주라면 '변혁하는 삶'이라는 이 장에 적합한 인물일 수 없기 때문이다. 그가 독서인이나 선교사 혹은 신종교의 교주가 아니라 혁명가로 분류될 수 있는 것은 그가 이끈 종교 운동이 교단의 조직과 안정화에 그치지 않고 봉건 체제 전복을 지향하는 농민 봉기로 이어졌기 때문이다. 청조에 대한 대결의식과 우상 파괴를 주장하는 과정에서 발생한 지배계층과의 갈등은 홍수전이 이끈 종교 운동의 성격을 점차 농민 반란이자 혁명 쪽으로 몰아가고 있었다.

변혁의 조건들이 불안한 에너지가 되어 참아 내기 힘든 구조적 모순으로 축적되던 시기였다. 누구나에게 사회적 조건은 비슷했고 고통의 원인과 문제를 해석하는 방식 역시 크게 다르지 않았을 테지만 이에 대한 결의와 실천의 강도는 사람마다 달랐다. 불합리한 사회의 모순이나 고통 앞에서 분노의 표출이나 자기 연민으로 끝낼 수 없는 사람, 원인의 원인부터 해체하고 근본적으로 세상을 바꾸지 않으면 안 된다고 믿는 과감한 결단에 이르는 사람이 있는 것이다. 홍수전이 바로 그런 사람 중 하나였다.

그는 이 세계를 상제를 중심으로 하는 정正과 선善의 세계, 악의 화신인 염라요閻羅妖를 중심으로 하는 사邪와 악惡의 세계로 구분한다. 만주족의 청나라 역시 그에게는 대표적인 요마였다. 이러한 그의 선악 관념은 한족을 착취하는 만주족 청 왕조에 대한 분노를 의미하는 것이었고, 이 분노가 분명한 사회적 공격의 형태를 띨 때 당연히 청 왕조가 기반을 두었던 봉건사회의 해체가 뒤따를 수밖에 없었다.

홍수전의 종교 활동이 보다 강력한 조직적 형태를 띠게 된 것은 그가 기독교로 인도했던 친구 풍운산과 재회한 뒤였다. 홍수전을 따르던 풍운산이 이미 배상제회를 조직해 3000명의 신도를 확보해 두었고 두 사람은 이를 바탕으로 세를 넓혀 나간다. 이들은 우상 파괴의 명목으로 지주의 상징인 신상神像 등을 파괴했기 때문에 지배층의 수탈에 지쳐 있던 농민들의 열렬한 지지를 받았다. 이후 더 많은 하층민들이 배상제회의 깃발 아래 집결함에 따라 지배계층에 대한 적대감은 더욱 커져 갔다. 결국 배상제회는 반청反淸혁명을 목표로 하는 정치 군사 조직으로 성장하게 된다. 이들은 마침내 1850년 청조를 타도하고 지상에 천국을 수립하겠다는 결의로 봉기하게 된다.

지금 여기에 천국을

────── 봉기에 앞서 홍수전은 하늘의 뜻을 받들어 오랑캐를 무찌른다는 의미의 격문 〈봉천토호격奉天討胡檄〉을 반포하며 반청혁명의 기치를 높이 세웠다.

내가 생각건대 천하는 상제의 것이지 오랑캐의 것이 아니다. 자녀와 백성도 상제의 것이지 오랑캐의 것이 아니다. 개탄스럽게도 만주滿洲族가 독을 내뿜어 중국漢族을 혼란스럽게 했으니 나라 전체의 백성이 오랑캐의 관행을 따르는 데 익숙하여 괴이하게 여기지 않게 되었다. 중국에 아직 사람이 있는가? 요사스러운 오랑캐의 포학한 불꽃이 하늘을 불태우고 음란한 독이 천자의 자리를 더럽히고 비린내 나는 바람이 사해에 퍼지고 요사한 기운이 오호伍胡를 참담하게 해도 중국은 오히려 머리를 숙이고 복종하며 기꺼이 노복이 된다. 중국에 어찌 사람이 없단 말인가. 중국은 머리이고 오랑캐는 발이다.

오랫동안 축적되어 온 사회적 모순으로 뿌리 깊은 불안과 소요에 휩싸여 있었던 1851년 1월 11일, 홍수전은 자신의 생일을 맞아 태평천국 원년을 선포하며 혁명을 일으켰다. 이미 배상제교에 결집한 농민들의 봉기를 이끌고 있던 홍수전이 광서 지역에서 태평천국의 깃발을 내걸고 새로운 시대를 선언한 것이다. 홍수전은 '태평'을 국호로 내세웠고 자신을 '천왕'으로 칭했다. 청조의 수탈과 억압에 지친 농민들이 빠르게 합류함에 따라 태평천국군의 세력은 중국 남부를 중심으로 점차 확대되어 갔다. 이들은 2년 만에 남경南京을 함락한 뒤 곧 600여 도시를 탈취하는 등 엄청난 위세를 떨치며 청 왕조를 위협하게 된다.

홍수전은 자신을 따르던 태평천국군에게 오랑캐를 없애 백성들이 평화로운 세상에서 기쁨을 누리게 하겠다고 약속한다. 이를 위해 그는 우선 토지 제도의 개혁을 약속했다. 태평천국운동의 지도부는 소수가 독점하던 토지의 국유화를 선언하며 농민들에게 토지를 균등하게 분배하겠다고 선언한 것이다. 태평천국운동이 그토록 빠르게 대규모의 농민을 결집시킬 수 있었던 것은 토지 재분배를 약속한 이들의 개혁안 덕택이다. 이들이 추구한 개혁이 전통적인 봉건 체제를 전복시키지 않고는 획득할 수 없는 것이었기 때문에 태평천국운동은 '태평천국혁명'으로 불릴 수 있는 것이다.

이들이 내세운 남녀평등의 주장도 혁신적이었다. 이들은 봉건적인 매매혼을 반대했으며 토지 역시 남녀를 구분하지 않고 사람 수에 맞게 균등 분배하겠다고 약속했다. 상제를 대신해 천왕인 자신이 다스리는 태평천국에서는 모든 사람이 상제의 자녀로서 평등하고 사후에 심판을 받아 천당에서 영혼이 지복을 누린다고 여겼기 때문이다. 더 나아가 홍수전은 전족이나 노비, 축첩제도 등 봉건적 악습도 금지했다. 또 상류층이나 지배층이 독점적으로 특혜를 누리는 영역을 비판하고 공격함으로써 홍수전은 농민들의 더 많은 지지를 이끌어 낼 수 있었다.

그들의 봉기는 혁명적이었지만 사실 태평천국운동을 봉건 왕조를 극복하려는 근대적 혁명으로 평가하기는 어렵다. 홍수전은 농민들에게 토지의 균등 분배를 약속했지만 이들의 계급적 위상은 바뀌지 않았다. 스스로 천왕으로 칭했던 홍수전은 봉건적 계급 관념으로 되돌아가 자신을 황제로 생각했고 누구든 자신을 친견하는 이들로 하여금 '만세'를 연호하게 했다. 그가 세운 태평천국 역시 또 다른 봉건 왕조에 불과했던 것이다.

홍수전은 봉건적 전제 제도를 원망하며 농민 봉기를 이끌었지만 결국 스스로 봉건적 틀 속에 갇혀 버리고 말았다. 청조보다 더 강력한 봉건적 제도를 구축하고 신의 아들로 자처하는 자신을 유일무이한 권력의 핵심에 세우고자 했기 때문이다. 당연히 조직 내부의 불만이 축적되어 갈 수밖에 없었다. 태평천국운동은 봉건적 청조에 대해서는 혁명적이었지만 조직 내부에 대해서는 전제적이었기 때문이다. 이 압제적 성격은 자연스럽게 내분으로 연결되었고, 농민들의 이탈 역시 예정된 수순이었을 것이다. 결국 그들은 얼마 뒤 자멸했고, 역사의 뒤편으로 사라졌다.

1864년 6월 홍수전이 사망하면서 남경이 함락되었고 태평천국 혁명도 끝났다. 홍수전은 청 말의 유명한 관료이자 학자였던 증국번會国藩, 1811~1872이 조직한 반혁명 의용군에 의해 남경이 함락당할 때 자결한 것으로 알려져 있지만 사실 교전 기간 동안 먹은 음식이 잘못되어 병사하고 말았다고 한다. 세상을 바꾸려던 혁명가의 말년치고는 씁쓸한 죽음이었다.

그의 불행한 죽음은 아마도 그 자신도, 공동체도 아닌 세상 전체를 바꾸려고 했던 무모할 정도로 광대한 꿈의 대가인지도 모른다. 보통 사람들과는 다른 삶을 선택한 대가, 개인의 입신양명, 가족과의 평화로운 삶 대신 전쟁의 한복판, 강고한 주류를 적으로 돌려 지배층과 싸워야 하는 위험한 삶을 선택한 당연한 결과일지도 모르는 일이다. 그렇다면 이들에게 불행한 죽음은 그들이 꾼 꿈의 대가 혹은 그들이 사후에 받은 영광의 양이라고 할 수도 있을 것이다.

혁명가가 겪은 죽음의 비극이 그들이 꿈꾼 혁명을 기억해야 하는 우리의 책무와 비례한다면, 홍수전보다 몇 배는 더 비극적인 고통 속에 죽어 간, 그리하여 홍수전 이상으로 기억해야 할 혁명가가 있다. '자유'를 내걸고 폭력을 휘두르던 우익 민병대의 개머리판에 무참히 폭행당한 채 총살되어 차가운 운하에 버려진 혁명가, 로자 룩셈부르크다.

운하 속에 갇힌 혁명가

—————— 2009년 5월 독일의 시사주간지 〈슈피겔〉은 베를린의 샤리테 병원의 의학사 박물관 지하에 90년째 보관되어 오던 머리와 손발이 없는 여성 시신 한 구의 주인이 밝혀졌다는 소식을 전했다. 150cm에 미치지 못하는 작은 키, 한쪽 다리를 절었음이 분명한 두 다리의 길이 차이, 물에 빠진 흔적까지 시신의 특징들은 독일뿐 아니라 전 세계가 기억하고 있는 한 사람의 특징들과 일치했다. 폴란드 출신의 독일 혁명가 로자 룩셈부르크였다.

독일 민병대원의 무자비한 폭력에 희생된 지 90년 만의 일이었다. 로자 룩셈부르크는 1919년 1월 15일 소총의 개머리판으로 수차례 가격당했고 총살당한 채 란트베르 운하에 버려졌다. 마르크스 이후 최고의 이론가로 평가되는 명석한 이론가이자 수많은 대중을 선동하던 탁월한 연설가, 무엇보다 이상을 가슴에 품고 현실을 견인하고자 했던 진정한 혁명가의 육체는 개머리판에 짓이겨졌고 총알에 관통당하며 그녀가 바꾸고자 했던 바로 그 세상의 한복판에 버려졌다.

로자 룩셈부르크는 혼란스러웠던 20세기 초 독일에서 혁명의 최전선에 서서 활동했지만 거의 모든 국면에서 억압받고 차별받는 소수자였다. 러시아 지배하에 있던 폴란드 출신이었고, 대학 진학을 비롯해 사회 진출의 길이 막혀 있던 유대인이었으며, 그 어떤 상황에서도 차별받던 여성이었고, 어려서 앓던 좌골의 관절염으로 평생 다리를 절었던 장애인이었다.

그녀는 1871년 러시아에 종속되어 있던 폴란드의 자모시치라는 곳에서 유대인 목재상의 네 자녀 중 막내로 태어났다. 룩셈부르크의 가족은 2년 뒤 바르샤바로 이주했고 그녀의 아버지는 바르샤바의 유대인 공동체와 거리를 둔 채 로자를 폴란드식으로 교육했다. 유년 시절, 활기찬 대도시에서 지낸 생활은 로자에게 다양한 영감을 주었겠지만 그 활기는 오래가지 못했다. 평생 그녀의 잰걸음을 방해할 병마가 찾아왔기 때문이다.

다섯 살 무렵부터 좌골에 문제가 생겼고 그녀의 가족들은 곧 그녀의 상황이 회복되지 않으리라는 것을 알게 되었다. 성장할수록 두 다리의 길이는 달라졌고 장애는 그녀의 본질적인 조건이 되었다. 그녀가 평생 안고 가야 할 핸디캡 즉 반식민지였던 폴란드인과 전 유럽에서 멸시받던 유대인, 구조적 불평등을 겪는 여성이자 끝없이 위협받던 좌파 지식인 외에, 장애인이라는 꼬리표가 하나 더 붙게 된 것이다. 그러나 이 본질적인, 그리고 합치되거나 해소될 수 없는 '다름'들은 로자에게 특별한 감수성과 세계관을 열어주었을 것이다.

이후 로자는 러시아인을 위한 여학교에서 멸시와 감시를 받으면서 프롤레타리아적 정치의식을 키워 갔고 열여섯 살에는 이미 스스로를 혁명가로 자처하게 되었다. 특히 당시 젊은이들 사이에서 세력을 키워 가고 있던 프롤레타리아당에 가입한 뒤에는 경찰의 감시 대상이 되기도 했다. 어쩌면 열일곱 살이 된 로자가 할 수 있는 일은 바르샤바를 떠나는 일뿐이었을지 모른다. 이미 경찰의 포위망이 좁혀 들면서 동료들은 속속 체포되거나 도피했고 로자 역시 운명을 바꿀 결정을 해야 했다. 그녀는 마침내 진짜 혁명가가 되기로 결심한다.

경찰의 포위망이 좁혀 오던 상황에서 로자 룩셈부르크는 유대인 여학생의 입학을 막는 폴란드 대학 대신, 보다 자유로웠던 스위스의 취리히대학을 선택한다. 장애물이 없었던 것은 아니다. 먼저 스위스로 가기 위해서는 국경을 넘어야 했다. 이미 로자는 여권을 발급받았지만 아무 소용이 없었다. 신변의 위험을 느낀 로자는 폴란드 신부의 도움으로 농부의 건초 수레에 몸을 숨겨 국경을 빠져 나왔다.

자유로운 분위기의 취리히대학에서 로자는 정치적 탄압을 피해 망명했던 정치적 망명자들, 그리고 혁명의 의지로 가슴이 뜨거웠던 열혈 혁명가들을 만났다. 그곳에서 로자는 사회주의의 이론적 토대를 닦으면서 다양한 국제적 혁명가들과 교류할 수 있었다. 그중에는 애증으로 얽힌 평생의 연인인 레오 요기혜스도 포함되어 있었다.

국제적 혁명가의 길

──────── 로자는 다양한 국적의 지식인들이 모여들던 취리히에서 요기헤스를 비롯해 다양한 폴란드 출신 동료들과 교류했다. 처음에는 폴란드 사회민주당에 연합했지만 점차 이들은 폴란드 노동자동맹이나 폴란드왕국 사회민주당 등을 창설하면서 활동 반경을 넓혀 나갔다. 로자의 꿈은 단순히 러시아의 압제로부터 폴란드를 구하는 데 그치지 않았다. 그녀는 점차 민족주의를 넘어서 국제주의적 사회주의자로 성장해 나갔다.

무명의 젊은 학생이었던 로자를 좌파 지식인들에게 각인시켰던 것은 1893년 취리히에서 개최된 사회주의 인터내셔널 즉 이른바 제2 인터내셔널 총회였다. 학생 신분이었던 그녀의 대표 자격 여부에 대한 논란으로 결국 총회 자리를 떠나야 했지만 이때의 연설을 계기로 로자는 떠오르는 젊은 혁명가로 인정받게 되었다. 이미 프롤레타리아 잡지와 신문에 쓴 날카로운 기고문으로 얻기 시작한 명성 외에 강력한 설득력과 흡인력을 가진 연설가로의 명성까지 그녀에게 덧붙여진 것이다. 그녀에게 취리히가 점점 좁게 느껴지고 있었다.

마침내 로자는 1898년 박사 학위를 받은 뒤 1년 만에 취리히를 떠나 독일로 들어간다. 당시 세기말의 베를린은 이미 국제적인 혁명가들이 집결한 사회주의의 터전 같은 곳이었다. 당시 새롭게 부상하던 신흥산업국이었던 독일에는 산업화에 따른 계급 갈등을 감지하는 노동자들이 늘어 가고 있었다. 이런 사회 분위기 속에서 사회주의자들과 노동운동가들은 다양한 탄압을 받으면서도 입지와 목소리를 넓혀 가고 있었다. 로자 룩셈부르크에게 국제도시 베를린은 학생들의 정치적 활동을 막았던 취리히와는 비교할 수 없는 큰물이었다.

베를린에 들어간 로자는 최소한의 신분 보장을 위해 독일인 청년과 위장 결혼을 함으로써 독일 시민권을 얻었고 곧 독일 사회민주당시민당에 자기 발로 찾아가 입당했다. 얼마 되지 않아 독일 사민당에서 그녀는 뛰어난 언변으로 지원 유세를 이끌기 시작했고 곧 다른 사회주의자들 사이에도 알려지기 시작했다. 그들 중에서 로자 룩셈부르크의 입장이 언제나 가장 급진적이었고 그리하여 가장 혁명적이었다.

당시 같은 사민당의 당원이라 해도 각기 추구하는 노선이 달랐기 때문에 급진적이었던 로자의 입장은 더욱 선명한 색채를 띠게 되었다. 분화된 사회민주당의 노선 가운데 로자가 가장 분명하게 반대했던 것은 베른슈타인의 입장이었다. 독일 사민당 내에서 주도적 역할을 하던 마르크스주의 이론가로 마르크스주의의 수정을 주장했던 베른슈타인Eduard Bernstein, 1850~1932과의 토론은 로자 룩셈부르크의 입장과 사상을 확인시켜 주는 중요한 분기점 역할을 한다. 수정주의 노선을 택했던 베른슈타인은 극단적인 혁명이 아니라 점진적이고 개량적인 개혁을 통해 사회주의가 실현될 수 있다고 믿었다.

베른슈타인은 혁명을 통해 사회주의 국가를 건설하는 것은 불가능하며 오로지 합법적인 수단을 바탕으로 한 점진적인 개혁을 통해서만 사회주의 국가를 실현시킬 수 있다고 주장했다. 베른슈타인에게 혁명은 비이성적인 수단으로 간주되었다. 독일 사회민주당을 혁명이 아닌 개혁의 중심으로 세우고자 했던 베른슈타인에게 가장 중요한 문제는 독일 노동자들의 정치적·경제적 권리를 확대할 수 있는 최선의 길을 확보하는 것이었다. 따라서 그는 사회민주주의의 최종 목표 즉 혁명은 중요하지 않다고 천명한다. 베른슈타인은 의회를 초국가적 기관으로 인식했고 사회민주당이 의회 집권에 성공하면 문명화된 방식으로 사회주의가 실현될 수 있다고 믿었다.

사회주의 노선에 서 있었지만 혁명을 거부했던 베른슈타인은 자본주의가 붕괴되지 않을 것이며 결국 스스로 조정하여 안정될 것이라고 생각했다. 신용 제도, 카르텔과 트러스트와 같은 자본주의적 기업 조직들, 통신수단의 발달과 같은 사회적 변화가 자본주의의 모순을 완화시켜 나갈 것이라는 주장이다. 자본주의에 적응력이 있다고 믿었던 베른슈타인은 혁명을 비이성적 수단으로 간주하며 포기하는 입장에 서 있었다. 그러나 로자 룩셈부르크의 입장에서 이런 생각은 무모할 정도로 낙관적이고 비현실적인 것이었다. 로자는 베른슈타인의 수정주의를 쓰디쓴 자본주의의 바다에 사회개량주의의 레모네이드 몇 병을 넣어 자본주의의 바다를 사회주의의 단물로 바꾸겠다는 공상적인 발상이라고 평가했다.

점진적 개혁이 아닌 급진적 혁명으로

베른슈타인의 개혁주의를 정면
으로 반박했던 로자는 오직 정치체제의 전면적 부정을 통한 새로
운 구조의 형성 즉 혁명만이 자본주의와 제국주의의 모순과 그로
인한 민중의 고통을 해결하는 유일한 방법이라고 생각했다. 사회
주의란 개혁을 지향하는 노동조합 활동과 같은 일상적 투쟁의 점
진적 효과로 확보될 수 있는 것이 아니라는 것이다. 또 로자는 당
연히 의회를 통한 제도 개혁 역시 분명한 한계가 있다고 생각했다.
로자 룩셈부르크에게 자본주의에서 사회주의로의 변형이라는 세
계사적 사건을 현실화시킬 수 있는 유일한 길은 의회나 노동조합
운동이 아니라 오직 혁명이었다.

로자는 1898년에서 1899년에 걸쳐 신문에 '사회개혁인가 혁
명인가'라는 글을 게재함으로써 베른슈타인과 지상 논쟁을 시작했
다. 이 글을 통해 로자는 정치적 개량주의 혹은 이론적 수정주의에
대한 전면적 비판의 입장을 견지했다. 로자 룩셈부르크는 '최종 목
표' 즉 혁명만이 부르주아민주주의로부터 사회민주주의 운동을 구
별해 내는 단 하나의 결정적 계기라고 생각했다.

이런 맥락에서 로자는 인류가 '사회주의냐 야만이냐'의 기로에

놓여 있다고 준엄하게 경고한다. 혁명을 통해 급진적 사회주의로 전환하지 않으면 인류는 제국주의 압제와 폭력, 자본주의의 착취에 따른 야만 상태로 굴러떨어질 것이라고 본 것이다. 로자에게 혁명과 개혁은 단순히 정도 차이가 아니라 본질적으로 다른 것이다. 혁명은 결코 확대된 개혁이 아닌 것이다. 로자는 자본주의의 정치적, 법적 관계는 자본주의와 사회주의 사이에 더 높은 벽을 세울 것이고 따라서 의회 등 합법적 수단을 통한 점진적인 개혁으로는 그 벽을 넘을 수 없다고 주장했다. 오로지 혁명을 통한 프롤레타리아의 정치권력 장악만이 그 벽을 무너뜨릴 수 있다고 보았던 것이다.

로자와 베른슈타인의 논쟁을 통해 그녀는 혁명적 낭만주의자라는 야유를 받았다. 지금의 눈으로 보자면 어떤 면에서 자본주의가 결국 다양한 자기 수단을 통해 적응해 나갈 것이고 붕괴되지 않을 것이라는 베른슈타인의 주장이 더 타당하게 보일 수도 있다. 어쩌면 당시에도 그리고 현재에도 혁명적 낭만주의자라는 그녀에 대한 평가를 정당화하는 듯 보인다. 그러나 재벌의 기업 구조 등의 예를 통해서도 분명히 알 수 있듯 우리는 로자 룩셈부르크의 예측이 틀리지 않았음을 알고 있다. 현대 자본주의 사회에서 생산 기반은 점차 사회화되어 가지만 소유는 제도적으로 보다 독점화되어 가기 때문이다.

사회주의가 민중의 해방을 가능하게 할 것인지, 현재의 삶을 바꿔 줄 이상주의적 대안인지와 관계없이 자본주의가 더욱 공고해지고 그리하여 약자들에게 더욱 야만적인 제도가 되어 있음을 부정할 수 있는 사람은 없을 것이다. 자본주의를 가장 진보한 사회체제로 인정한다 해도 그 진보와 성공이 누군가의 고통과 억압에 뿌리를 두고 있다는 사실 자체는 달라지지 않는다. 그렇다면 로자 룩셈부르크가 틀린 게 아니다. 적어도 사회주의 혁명 자체가 목표였다면 결코 개혁을 바탕으로 한 수정주의로는 사회주의를 실현시킬 수 없다는 것이 분명하기 때문이다.

이 논쟁을 통해 로자 룩셈부르크는 무모한 급진주의자라는 평가를 듣기도 했지만 결과적으로 날카로운 분석과 깊이 있는 통찰력을 증명함으로써 사회주의자들 사이에 유명인사가 되었다. 독일 사회주의 운동의 중심인물로 부상한 것이다. 이후 로자 룩셈부르크는 다양한 사회주의 매체에 정기적으로 기고할 수 있게 되었고 대중 연설에 초청받는 유명 인사가 되어 있었다. 그러나 그녀는 여전히 당 내의 가장 급진적인 소수파였고 비주류였다.

로자 룩셈부르크는 늘 감시의 대상이었으며 체포의 위협을 받아야만 했다. 1903년 독일 황제를 모욕했다는 죄목으로 3개월간 감옥의 독방에 갇혔던 일을 시작으로 그녀는 오랫동안 여러 번 투옥되었다. 결국 그녀는 사회주의자의 숙명이자 동시에 영광이었을 '정치범'의 타이틀을 얻게 되었다.

1905년 러시아에 혁명의 기운이 감돌자 로자 룩셈부르크 역시 다른 동료들처럼 러시아혁명을 지원하고자 했다. 이미 경찰의 표적이 되어 있던 그녀에게 귀국은 위험하고도 무모한 일이었다. 그럼에도 그녀는 러시아혁명을 지원하기 위해 1905년 바르샤바로 들어갔고 연인이었던 레오와도 재결합했다. 그러나 이들은 곧 헤어져야 했다. 다음 해 그녀는 바르샤바 비밀경찰에 체포되어 감옥에 수감되었다. 다행히 그녀는 동료들의 지원으로 불구속 상태에서 수사받을 수 있도록 석방되었고 얼마 뒤 안전한 핀란드로 피신할 수 있었다.

그곳에서 1년을 머무르며 로자는 그녀를 유명하게 만든 또 다른 논쟁자를 만난다. 마르크스주의 이론가이자 볼셰비키 혁명을 이끌었던 혁명가로 후에 소비에트 연방의 국가 원수가 된 블라디미르 레닌Vladimir Lenin, 1870~1924 이다. 그녀는 이곳에서 레닌과 함께 다양한 현안에 대해 토론을 벌인다. 로자는 레닌을 뛰어난 이론가로 평가했지만 중앙집권적으로 당을 운영해야 한다는 그의 입장에 대해서는 날카롭게 반대했다.

당의 권위적 지도가 아닌 대중의 자발성으로

───────── 사실 로자를 더욱 비주류로 밀어낸 계기 중 하나는 이른바 레닌과의 논쟁이었다. 당시 러시아에서는 부르주아 좌파와의 연대를 통한 부르주아 혁명을 주장한 멘셰비키와 러시아사회민주노동당 주류파인 볼셰비키가 대립하고 있었다. 결과적으로 보다 급진적이었던 볼셰비키당이 러시아 사회

주의 혁명의 중심에 서자 볼셰비키를 이끌었던 레닌 역시 주도적 위치를 차지하게 되었다.

로자 룩셈부르크는 러시아혁명을 옹호했지만 볼셰비키를 이끌던 레닌의 입장에 모두 동조하지는 않았다. 로자 룩셈부르크에게 의회주의는 부르주아 지배의 정치적 폭력성을 드러내는 사회 형식에 불과했다. 따라서 부르주아적 합법성을 수용한다면 노동자 계급의 정치권력 장악은 불가능해지며 정치 투쟁은 실패할 것이다. 합법적 의회 대신 로자가 생각한 정치 혁명의 수단은 대중 파업이었다. 로자 룩셈부르크는 대규모의 대중 파업이야말로 프롤레타리아 권력을 위한 혁명 투쟁에서 중심을 차지하는 수단이라고 생각했다. 개혁이 아니라 혁명을 강조한 로자 룩셈부르크였지만 그녀가 원했던 것은 극단적인 폭력 혁명이 아니었다. 로자 룩셈부르크는 극단적 폭력 혁명이 아니라 대규모의 시위나 자발적인 대중 파업 등을 통한 각성된 민중의 실천으로 혁명이 이루어져야 한다고 믿었다.

로자에게 이러한 대중 파업은 혁명 투쟁의 초기에 나타나는 자연스러운 과정으로, 당의 지도부나 주도 세력에 의해 정교하게 고안된 방법이 아니라 노동자 대중의 자발적인 운동 방식이어야 한다. 로자 룩셈부르크는 권위적인 당의 의도적 지도가 가진 한계를 비판하고 대중의 자발성을 강조하고자 했다. 바로 이 점에서 당의 권위적 역할과 독재적 권한을 인정하던 레닌에 반대할 수밖에 없었던 것이다.

사회주의 혁명에서 당의 역할을 강조했던 레닌의 입장에서 대중은 당에 의해 계도되어야 할 계몽의 대상이었다. 그러나 로자 룩셈부르크에게 당의 역할은 대중의 자발성을 읽고 그에 합치하도록 노력하는 것이다. 당의 지도부는 대중에 의하여 그리고 대중으로부터 건설될 수 있으며 반드시 그렇게 되어야 한다는 것이다. 로자에게 대중은 가장 결정적인 요소이며 오직 대중만이 프롤레타리아 혁명이 승리할 수 있는 최후의 반석이었다. 이런 맥락에서 로자는 대규모의 폭력적 혁명보다는 대중의 자발성에 의해 자연발생적으로 일어나는 대중 파업과 시위를 중요한 혁명의 수단으로 여겼던 것이다.

로자에게 대중은 당의 계도를 받는 낮은 곳에 있지 않으며 차라리 자발성을 담은 채 높은 곳에서 유동하는 역사적 흐름이었다. 혁명은 누구에게도 스승의 지위를 허락하지 않기 때문이다. 당연히 볼셰비키의 당 중심 노선에 대결하여 대중민주주의를 옹호하며 대결했던 로자의 입장은 당내 지도부들의 격렬한 반대에 부딪혔고 로자는 점차 비주류로 밀려날 수밖에 없었다. 이로 인해 중년의 룩셈부르크는 투옥과 재판, 대중 연설을 반복하는 피로한 삶을 살게 되었다.

로자 룩셈부르크는 사실 모두와 싸웠다. 당내의 개혁주의는 물론, 민족주의, 전쟁과 군국주의, 제국주의 그리고 무엇보다 자본주의에 대해 반대했던 그녀는 동시에 모든 것의 적이었다. 로자가 행했던 수많은 부정과 반대의 바탕에 있었던 것은 누군가의 고통이었다. 로자 룩셈부르크는 방어할 능력이 없는 약한 자들에 가해지는 구조적 폭력을 범죄라고 주장했고 이를 끊어 내기 위해 혁명가의 길을 택했기 때문이다.

이후 로자 룩셈부르크는 독일 사회민주당 내에서 급진적 조직인 스파르타쿠스단을 조직하는 데 주도적 역할을 했다. 스파르타쿠스단은 1919년 1월에 베를린에서 혁명을 기도했지만 결국 실패하고 말았다. 이때의 실패는 로자의 다른 실패들과는 달리 회복할수 없는 것이었다. 룩셈부르크가 이끈 혁명군은 스스로를 자유군단이라고 칭한 우익 의용군과 왕당파 군대에 의해 학살되었고, 로자 룩셈부르크 역시 우익 민병대의 개머리판에 무차별 폭행을 당한 뒤 총살되어 운하에 버려졌다.

마르크스 이후 가장 뛰어난 사회주의 이론가로 인정받는 철학자이자 경제학자였지만 무엇보다 그녀는 언제나 전투 중인 길거리에서나 혹은 감옥에서 죽게 될 것을 직감했고 또 그렇게 되기를 바랐던 전사이자 투사였다. 자신의 이상을 '모든 사람을 사랑하면서 살 수 있는 그런 사회 질서'라고 말했던 이 혁명가는 어쩌면 지나치게 이상주의적이었고 또 그만큼 낭만주의적이었는지도 모른다. 로자 룩셈부르크 자신도 그 사실을 알고 있었다. 그녀는 언제나 자신이 이상주의자라고 말했기 때문이다.

자신을 이상주의자로 생각했던, 그리고 끝까지 이상주의자로 남고 싶어 했던 한 혁명가의 삶과 죽음은 어쩌면 이토록 무거운 세상을 견인해야 하는 이상주의자들의 운명을 보여 주는지도 모른다. 그러나 현실에 발을 끼고 들어 올리려는 그 힘 때문에, 이상이 아니라 현실에서 더 나은 세계를 만들려는 무모한 노력 때문에 세상이 이만큼이나마 움직여 올라왔는지도 모를 일이다.

낭만적 박애주의자는 어떻게 사는가

우리 시대, 혁명에 모종의 낭만적 이미지가 덧붙여진 것은 아마도 아르헨티나 출신의 쿠바 혁명가 체 게바라Che Guevara, 1928~1967 때문일 가능성이 높다. 베레모를 쓴 채 깊은 눈으로 먼 곳을 응시하는 의사 출신 혁명가의 흑백 사진은 혁명에 대한 대중의 환상을 불러일으키기에 충분하다. 아르헨티나의 중산층 가정에서 태어나 의대에 진학한 체 게바라는 스물네 살이던 1952년, 오토바이를 타고 8개월간 남아메리카를 여행한 뒤 착취당하는 라틴아메리카의 현실을 직시하며 혁명가의 길로 들어섰다. 그의 꿈은 라틴아메리카 민중의 삶을 오랫동안 괴롭혔던 서구 제국주의를 몰아내고 라틴아메리카 전체를 하나로 통합하는 것이었다.

현실에 발을 붙인 리얼리스트가 되어야 한다면서도 가슴속에 불가능한 꿈을 간직해야 한다고 말하는 이 모순적인 영웅은 환자 대신 민중을 구하고자 라틴 혁명의 한복판으로 뛰어들었고, 피델 카스트로와 함께 쿠바 혁명에 가담했다. 그러나 그의 활약은 그만큼의 적의와 위협을 낳았다. 마침내 그는 미군의 지원을 받은 볼리비아 정부군에 의해 생포되어 결국 서른아홉의 나이에 처형당했다.

흥미로운 것은 이후 체 게바라의 극적인 삶과 이미지가 빠르게 상업화되었다는 것이다. 이제 우리는 그가 구하고자 했던 라틴아메리카의 모순과 민중의 고통 대신 티셔츠와 머그에 새겨진 체 게바라의 사진으로 혁명을 상상한다. 결과적으로 영화에, 사진에, 낭만적 구호에 담긴 체 게바라는 우리 시대가 '혁명'을 어떻게 '소비'하는지를 명확히 보여 주는 지표 역할을 한다. 이제 '혁명'은 우리 대중문화에서 다양한 이미지로 소비된다. 쉽게 건강이나 교육에 '혁명'이라는 단어를 붙일 수 있게 된 것도 같은 맥락일 것이다.

사실 혁명은 그처럼 가볍거나 낭만적이지는 않을 것이다. 체 게바라가, 로자 룩셈부르크가, 홍수전이 감당하고 겪고 버려졌던 그 혁명은 백성의 고혈로 유지되는 봉건적 체제, 민중을 착취하는 폭압적인 자본주의, 전쟁을 유발하는 제국주의와의 목숨을 건 전쟁이었고 이들은 그 전쟁의 선두에 선 전사들이었다. 그러나 더욱 중요한 것이 있다. 이 혁명가들을 움직인 것은 영웅적 전사의 기질만이 아니라는 것이다.

혁명가들의 기질은 어쩌면 고통을 견디는 능력과 관련되어 있는지도 모른다. 혁명가는 자신의 고통이 아니라 타인의 고통을 감당하지 못하는 사람, 고통을 안으로 삭이거나 개인적으로 풀어내는 것이 아니라 사회의 실질적 변화로 전환하려는 사람, 더 나아가 모든 이의 더 나은 삶을 위해 자신에게 쏟아지는 비난과 경계를 혼자 감당해야 하는 사람일지도 모른다. 그러나 이들이 단순히 타인의 고통에 눈감지 못하는 박애주의자에 그쳤다면 혁명가가 되지는 못했을 것이다. 혁명은 피를 부르는 폭력과 연결되어 있기 때문이다. 혁명의 대가로 흐르는 피는 혁명가가 구하고자 하는 민중의 것일 수도, 가족이나 친구의 것일 수도, 무엇보다 자기 자신의 것일 수도 있는 것이다.

사람의 피를 어쩔 수 없는 희생으로 돌릴 정도의 강고한 각오와 결단은 어디에서 오는가. 여러 답이 가능하겠지만 한 가지는 분명하다. 대부분의 혁명가들은 노예 상태의 자각을 출발점으로, 그리고 그 극복을 혁명의 결과로 삼는다는 것이다. 일제 강점기 민족주의 독립운동가 신채호가 "소수 계급은 강자가 되고 다수 민중은 도리어 약자가 되어 불의의 압제를 반항치 못함은 노예적 문화 사상의 속박을 받은 까닭이다. 만일 민중적 문화를 제창하여 그 속박의 철쇄를 끊지 아니하면, 일반 민중은 권리 사상이 박약하여 자유향상의 흥미가 결핍돼 노예의 운명 속에서 윤회할 뿐"이라고 말했듯, 혁명가의 출발점은 속박된 노예 상태를 견디지 못하는 감수성, 그리고 이로부터 출발하는 변화의 각오일 것이다. 그러나 이 감수성은 누군가 가까운 이를 향해 혹은 특정한 상태에 놓인 사람들에게 한정될 수 없다. 가까운 이들을 더 사랑하는 사람이라면 결코 민중 전체, 사회 전체, 심지어 인류 전체를 위해 자기를 내놓을 수 없을 것이기 때문이다.

그렇다면 누구라도 혁명가가 되고자 한다면 외로울 각오를, 그리고 무엇보다 모든 것에 대해 일률적으로 무정할 각오가 되어 있어야 할지도 모른다. 우리가 어떤 혁명가들을 기억해야 하는 이유가 바로 여기에 있다. 혁명이 단순히 변화의 누적적 결과가 아니라 수배령과 체포, 투옥과 처형으로 이어질 수도 있는 불안한 선택이며, 이 선택을 견디는 어떤 힘이 약자에 대한 무한한 애정이자 동시에 자신과 주변에 대한 냉담에서 나오는 것이라면, 누가 그들을 기억해 주겠는가. 승자가 아닌, 애정과 냉담을 동시에 받는 인류이자 민중인 우리가 아니라면.

스피노자와 정약용

유배당한 삶 Chapter 5

크건 작건 많은 이들이 시대와 불화한다. 돈키호테처럼 너무 늦게 온 이도 있고, 너무 일찍 온 이들도 있을 것이다. 그리고 그 격차가 너무 큰 사람들 중에는 세상을 바꾸기 위해 세상으로 나가는 사람도 있을 것이고 자신을 받아주지 않는 세상을 견디지 못하고 은둔을 택하는 이들도 있을 것이다. 물론 정신이 아니라 사상이 시대를 초과하는 이들도 종종 같힌다. 시대를 뛰어넘는 새로운 사유를 두려워한 권력이 누군가를 가두는 것이다.

돈키호테는 왜 모험을 떠났나

기사도에 대한 향수로 현실과 상상을 구분하지 못하게 된 초로의 시골 귀족 돈키호테는 낡은 투구와 갑옷으로 무장한 채 시골 농부인 시종 산초와 함께 악을 물리치러 모험을 떠난다. 악으로부터 정의를 수호하려는 그의 눈에 시골 처녀는 악당에게 잡혀간 공주로, 풍차는 악한 거인으로, 낡은

Chapter 5. 유배당한 삶

주막은 성城으로 보일 뿐이다. '철鐵의 시대에 황금시대를 되살리기 위해 하늘의 뜻으로 태어났다'고 말하는 돈키호테는 많은 이들에게 현실을 이탈한 몽상가의 전형으로 여겨진다.

사실 돈키호테가 남의 비웃음을 샀던 것은 그가 꿈꾸는 시대가 이미 사라져 버렸기 때문이다. 그가 심취했던 중세 시대를 풍미했던 기사 제도는 《돈키호테》의 무대였던 17세기 스페인에서 이미 구시대의 유물이었고, 그는 기사도문학으로만 남은 옛 시대를 그리워하고 있었다. 그러니 그의 모험은 시대와의 불화에서 시작된 것이다. 돈키호테의 모험담은 그가 꿈꾸는 삶과 그가 살던 시대 사이의 틈에서 비롯된 것이라고 할 수 있다.

스페인의 극작가이자 소설가 미구엘 데 세르반테스Miguel de Cervantes, 1547~1616의 소설 속 주인공 돈키호테는 자신과 맞지 않는 시대에 태어난 한 늙은 귀족의 우스꽝스러운 모험담을 보여 주고 있지만 많은 독자는 그로부터 단순히 어리석고 현실감 없는 늙은 몽상가의 모습만을 보지 않는다. 소설의 배경인 17세기 스페인에서, 이미 지나가 버린 기사의 시대를 동경하는 '너무 늦게 온' 이 사나이는 "이룰 수 없는 꿈을 꾸고, 싸워 이길 수 없는 적과 싸웠으며, 이룰 수 없는 사랑을 하고, 잡을 수 없는 저 별을 잡으려 했다"는 유명한 마지막 대사처럼, 우리에게 시대와의 불화를 견뎌 나가는 '꿈꾸는 이'의 전형으로 여겨진다.

소설의 원작자였던 세르반테스 역시 시대와의 불화를 견뎌 나가는 '꿈꾸는 이'였다. 16세기 중엽에 스페인에서 태어난 세르반테

스피노자와 정약용

스는 평생 가난했고 불운했으며 기회는 너무 늦게 찾아왔고, 그나마 그것조차 온전하게 그의 손에 주어지지 않았다. 하급 귀족이었던 아버지는 평생 빚에 시달렸기 때문에 일곱 명의 자녀 중 넷째였던 세르반테스는 정규 교육을 거의 받지 못했다. 그러나 세르반테스는 어려서부터 문자 중독에 가까울 정도로 무엇이건 닥치는 대로 읽었다고 한다.

그런 그에게 인생을 바꿀 새로운 기회가 찾아온다. 1568년 교황의 특사로 스페인에 와 있던 추기경의 시종이 되어 이탈리아로 건너간 일이다. 르네상스 말기 이탈리아 여러 도시를 돌아다니며 경험한 다양한 문물은 그의 시야를 넓혀 주었고 이후 그의 작품에 이탈리아적 색채를 더해 주었다. 이후 그는 스물두 살에 스페인 군대에 입대해서 교황을 위해 싸웠는데 그 가운데서 교황청, 베네치아 공화국, 스페인의 연합 함대가 터키 함대와 싸운 레판토 해전에서 세 번의 큰 부상을 입었다. 그는 마지막 부상으로 평생 왼손을 쓰지 못하게 되었다. 전쟁이 끝난 뒤 그는 전쟁 영웅이 되었지만 늦은 귀환은 장애를 얻은 몸과 바꾼 영광을 공수표로 만들어 버렸다. 귀국길에 알제리 해적에게 납치되어 5년이나 노예로 갇혀 있었기 때문이다. 그는 몇 번이나 탈출을 시도했다가 지하 감옥에 갇혔고 심지어 2천 대의 태형을 받기도 했다. 그는 마흔이 가까워서야 몸값을 치르고 간신히 고향으로 돌아갈 수 있었다.

고향에 돌아온 뒤 세르반테스는 자신의 몸값 때문에 더욱 가난해진 가족을 위해 희곡을 써서 돈을 벌고자 했지만 생각만큼 일이 풀리지 않았다. 어쩔 수 없이 세르반테스는 세금을 징수하거나 전쟁 물품을 징발하러 다니는 말단 관리 일을 택할 수밖에 없었다. 그러나 그 생활도 그다지 평탄치 않았다. 문자와는 달리 숫자와는 친할 수 없었던 탓에, 자주 장부를 맞추지 못했고 공금을 사기당했기 때문이다. 이 때문에 그는 몇 차례 감옥에 드나들었는데 《돈키호테》는 바로 이 감옥 생활 중에 구상한 것이다. 물론 그에게도 기회는 찾아왔다. 필생의 역작 《돈키호테》가 출판 직후 상당한 인기를 끈 것이다. 그러나 이 마지막 기회도 그를 비껴 나가 버렸다. 《돈키호테》는 성공했지만 이미 싼값에 출판업자에게 판권을 팔아 버린 탓에 세르반테스는 거의 돈을 벌지 못했기 때문이다.

불운한 삶 속에서도 낙천적인 감각과 위트를 잃지 않았던 세르반테스였지만 객관적으로 평온했다거나 재능에 걸맞은 평가를 받았다고 보기 어렵다. 그럼에도 그가 겪은 불운들은 그의 문학에 중요한 자원이 되었다. 그중 하나가 노예 생활로 자유를 박탈당한 경험이다. 그가 남긴 여러 작품에서 자유의 속박에 대한 관심이 드러나 있고 실제로 《돈키호테》39장에서 41장에 포로 이야기라는 삽입 형식의 에피소드가 담겨 있다. 이런 맥락에서 보면 《돈키호테》 2권 58장에 나오는 돈키호테의 말이 새롭게 읽힌다.

자유란 하늘이 우리에게 주신 가장 귀한 선물의 하나이다. 대지 속에 파묻혀 있는 보물로도, 바다 밑바닥에 숨겨진 보물로도 결코 이를 살 수 없다. 자유를 위해서라면 명예를 위한 것과 마찬가지로 생명을 걸어도 상관없고 또 마땅히 걸어야 한다. 이에 반해 유폐된 몸이라는 것은 인간에게 덮칠 수 있는 최대의 불행이다.

감옥에서 세르반테스가 형상화해 낸 인물 돈키호테는 시대적 동냄에 삼히기를 거부하고, 타인의 시선과 권위에 유폐되기를 거부함으로써 자유를 추구한 인물이다. 그렇다면 돈키호테와 세르반테스의 삶은 시대와의 불화, 유배, 이를 넘어서려는 자유의 의지로 이루어진 큰 원의 조각들이라고 할 수 있다. 돈키호테가 찾아 나선 것도 아마 이룰 수 없는 꿈이라는 이름의 자유였을 것이다.

크건 작건 많은 이들이 시대와 불화한다. 돈키호테처럼 너무 늦게 온 이도 있고, 너무 일찍 온 이들도 있을 것이다. 그리고 그 격차가 너무 큰 사람들 중에는 세상을 바꾸기 위해 세상으로 나가는 사람도 있을 것이고 자신을 받아주지 않는 세상을 견디지 못하고 은둔을 택하는 이들도 있을 것이다. 물론 정신이 아니라 사상이 시대를 초과하는 이들도 종종 갇힌다. 시대를 뛰어넘는 새로운 사유를 두려워한 권력이 누군가를 가두는 것이다.

시대를 넘어서는 사유와 이로부터 불안을 느낀 시대 사이의 거리가 만든 알력은 특히 철학자들에게 가혹했다. 올바른 세계를 꿈꾸었던 철학자들 중에는 사상과 현실의 격차가 다른 이들보다 더욱 커서 동시대인들에게 위협적으로 느껴졌던 이들도 있다. 그중에서도 제일 극단적인 예는 현재를 초과하는 사상 때문에 막히고 갇힌 사람들, 유배당한 사람들일 것이다. 사는 동안 다양한 방식의 유배를 경험한 철학자들은 많지만 그 가운데서도 가장 유명한 두 사람을 꼽자면 대부분 이 이름을 댈 것이다. 스피노자와 정약용이다.

암스테르담의 자유인, 스피노자

17세기 네덜란드는 상업 국가로서 전성기를 달리고 있었다. 사상과 종교적 자유가 인정되는 관용적인 분위기 때문에 다양한 지식인들이 사상의 자유를 위해 네덜란드로 망명해 이곳을 자신의 사상적 고향으로 삼았다. 박해받는 종교인들도 예외는 아니었다. 여기에는 다양한 신교의 교파들은 물론 스페인과 포르투갈에서 망명한 유대교 공동체도 포함되어 있었다. 이 유대교 공동체에서 1632년 근대 철학의 가장 중요한 철학자 중 한 명인 스피노자가 태어났다.

스피노자가 살았던 17세기 네덜란드는 당시 유럽에서 일종의 종교적 중립지에 가까웠다. 스페인에서 독립한 신생국가 네덜란드는 종교의 자유와 관용을 보장했기 때문에 유럽 곳곳에서 박해받던 종교 분파들이 네덜란드로 이주했다. 스피노자가 속해 있던 포르투갈 출신의 유대인 공동체도 그중 하나였다. 스피노자가 태어나고 활동했을 때 네덜란드의 공식 종교는 칼뱅교였지만 메노파나 콜레기안파 같은 기독교의 다른 분파들은 물론, 유대교 공동체까지 활동할 정도로 네덜란드는 종교적으로 개방적이었다.

스피노자는 1632년 네덜란드 암스테르담에서 종교적 박해를 피해 포르투갈에서 이주한 부유한 유대인 상인의 둘째 아들로 태어났다. 그의 히브리식 이름 바루흐Baruch는 라틴어로는 베네딕투스Benedictus로, 두 이름 다 '축복받은 자'라는 뜻이다. 스피노자는 다른 유대인 상인의 자녀들처럼 유대인 학교에 들어가 랍비가 될 재목으로 기대를 받으며 공부했다. 스피노자는 공부를 더 하고 싶었지만 1645년 아버지가 사망한 뒤 형과 함께 '스피노자 상회'에서 일하지 않을 수 없었고 형까지 요절하자 가업을 이어야 했다. 사실 유럽 어디에서도 유대인은 관직에 진출할 수 없었기 때문에 스피노자가 랍비 외에 다른 직업을 갖는 것은 불가능했다.

스피노자는 주변의 기대를 받으며 저명한 랍비에게 탈무드 등을 배웠다. 그러다 스피노자는 장래 희망을 랍비에서 철학자로 바꾼 중요한 계기를 만났다. 18세 때 범신론자汎神論者이며 자유사상가로 알려진 예수회 출신의 데카르트주의자 반 덴 엔덴과 만난 일이었다. 스피노자는 그에게서 라틴어를 익히는 한편 코페르니쿠스, 갈릴레이, 케플러, 호이헨스, 데카르트 등 새로운 사상과 학문을 배웠다. 파문당하기 전까지 스피노자는 기독교 신앙 밖에 있던 자유사상가나 철학과 종교의 분리를 주장했던 데카르트주의자, 퀘이커 교도 등 다양한 집단과 교류하며 학문적 범위를 넓혀 갔다. 이후 스피노자는 자신의 이름을 유대식 바루흐에서 라틴식 베네딕투스로 바꾼다.

아버지도 형도 없는 상황에서 그는 '스피노자 상회'를 지켜야 했지만 학문을 향한 그의 열정은 쉽게 꺾이지 않았다. 게다가 스피노자는 유산을 차지하려는 여동생 때문에 재판까지 치러야 했다. 재판에서는 이겼지만 결과적으로 스피노자는 재산 관리를 법정관리인에게 맡기고 가업을 포기한다. 그리고 같은 해 7월에 유대 교회로부터 파문당함으로써 공동체 밖으로 추방된다.

스피노자는 동시대 네덜란드인들에게 사악한 이단으로 평가받았지만 사실 스피노자의 어떤 면이 동시대인들을 그토록 불안하게 만들었는지는 명확하지 않다. 스피노자의 개방적 행보가 유대 공동체의 지도자들에게 일종의 종교적 배신이나 타락으로 받아들여졌을 가능성이 높다. 그러나 파문당했을 당시 스피노자는 공식적인 저술을 출판한 적이 없기 때문에 과연 무엇이 스피노자를 파문으로 몰아넣었는지 확인할 길이 없다. 추측건대 인격적인 신의 존재를 부정하는 범신론적 사상을 수용한 젊은 청년의 존재는 보수적인 랍비들을 긴장시켰을 것이다. 공부에 전념하느라 유대 교회에 소홀했던 점도 파문에 영향을 주었을 것이다.

파문의 이유는 불분명하지만 파문의 강도는 분명하게 알려져 있다. 그가 받은 저주는 대단한 것으로, 유대 교회의 지도자들은 스피노자가 낮에도 밤에도, 잠잘 때도 일어날 때도, 밖에 나갈 때도 안에 들어올 때도 저주받기를, 또한 그 누구도 그에게 호의를 보이지 않을 것과 그와 같은 곳에 머물지 않을 것을, 무엇보다 그가 쓴 책을 읽지 않기를 명령했다. 이 저주는 미래가 아니라 현재를 사유하고 학술적인 토론을 통해 인정받아야 할 철학자에게 사형 선고와도 같았다.

렌즈 세공업자, 철학교사
그리고 〈신학-정치론〉의 저자

가업을 잇거나 랍비가 되는 것 외에 생계를 이을 방법이 없었던 스물네 살의 스피노자는 스스로 생계를 꾸려 갈 방법을 찾아야 했다. 자신이 성장한 유대교 공동체에서 추방당한 뒤 그는 당시로서는 첨단 기술인 렌즈 깎는 일을 하며 독립적으로 생계를 이어 나갔다. 그의 사상은 유대 공동체로부터뿐 아니라 다른 사상가들이나 교회 세력들로부터도 상당한 비판을 받았다. 그는 자신의 사상적 경향으로 인해 평생 여러 번의 살해 위협을 받았고 그 때문에 네덜란드의 여러 곳을 전전해야 했다. 그 때마다 그에게 호의적인 네덜란드인들이 제공하는 작은 다락방에서 하숙하며 낮에는 렌즈를 깎고 밤에는 자신의 사유를 글로 정리할 수 있었다.

물론 스피노자가 렌즈만 연마했던 것은 아니다. 그는 개인적으로 철학을 가르치기도 했고 친구들과도 꾸준히 교제했다. 헨리 올덴부르크henry Oldburg 같은 친구와 계속한 서신 교환은 학술적 토론장의 역할을 대신했다. 스피노자가 생전에 출판한 책은 단 두 권으로, 두 번째 책이었던 《신학-정치론》은 1670년에 독일의 한 유령출판사 이름으로 출판되었다. 익명이었음에도 모든 사람들이 스피노자가 작자라는 사실을 알 정도로 스피노자의 '악명'은 일반화되어 있었다. 이 책은 동시대 네덜란드인들이 스피노자라는 이름 자체를 혐오하며 그를 이단으로 지목하게 된 계기가 되었다.

1674년에 금서로 공표되기까지, 이 책은 끊임없이 강력한 저주와 비판을 불러일으켰고 이 때문에 스피노자는 살해 위협까지 당해야 했다. 15개의 신학 논문과 5개의 정치 논문으로 구성된 《신학-정치론》은 인격적인 유일신으로부터 세계와 인간을 설명하는 유대-기독교적 세계관, 신관에 전면으로 도전하는 문제작이다. 스피노자는 존재하는 모든 것 속에 신이 있다고 주장함으로써 초월적인 유일신의 존재를 부정한다. 범신론 혹은 무신론이라는 평가로 인해 그의 사상적 발언권은 모두 회수되어 버렸다.

이후 네덜란드 사회에서 '스피노자주의'라는 말은 그 자체로 강력한 비난이었고 폄하로 작용했다. 심지어 당시에는 스피노자를 충분히 비난하지 않았다는 이유로 비판받는 이들도 있었을 정도라고 한다. 그러나 사실 스피노자는 그다지 외롭지 않았다. 그는 메디치가의 후원을 받았던 갈릴레이처럼 강력하고 부유한 후원자는 없었지만 그의 사상을 지지하는 자유로운 네덜란드인들과 꾸준히 교류했고 청년들을 가르쳤다. 친구들은 살해 위협을 피해 다른 도시로 이주한 스피노자를 찾아가 그를 위로하고 독려했다.

스피노자에게 기회가 없었던 것은 아니다. 그가 자신의 이름으로 출간한 유일한 책 《데카르트 철학의 원리》와 익명으로 출판한 《신학-정치론》이 세간의 주목을 끌자 1673년 독일 하이델베르크 대학은 스피노자에게 철학과 주임 교수직을 제의한다. 좁은 다락

스피노자와 정약용

방에서 렌즈를 깎는 생활을 청산하고 정식 학자로서 강단에 설 수 있는 좋은 기회였다. 그러나 스피노자는 이 제의를 수락하지 않는다. 이 제의에는 기존의 종교적 질서에 문제가 되는 논의나 주장을 해서는 안 된다는 전제조건이 붙어 있었기 때문이다. 자신의 철학적 신념을 지키기 위해 그는 다락방을 벗어나지 않았다.

파문이 스피노자를 경제적으로 위협한 것은 사실이지만 학문적으로는 위협이 되지 못했던 것이 분명하다. 대신 그는 파문당하지 않았다면 당연히 피할 수 없었을 다양한 사회적 활동과 교제에 시간을 뺏기지 않을 수 있었고 온전히 자기가 설계한 시간 계획 안에서 사상의 체계를 구성하고 세부를 완성해 나갈 수 있었다. 그러니 그가 택한 검소한 삶의 정도는 그가 유지하고자 한 독립적인 삶의 정도와 비례한다고 할 수 있다.

그러나 안타깝게도 스피노자는 렌즈를 깎을 때 발생하는 먼지 때문에 악화된 결핵으로 마흔여섯의 젊은 나이에 세상을 뜨고 만다. 그는 많은 저서를 남기지 못했지만 그의 철학적 작업은 중세의 문을 닫고 근대의 문을 연 것으로 평가받는다. 사람들은 이제 스피노자의 이름으로 근대를 상상하고 스피노자의 학문에서 급진적인 정치적 지향을 읽어 낸다. 20세기에 스피노자의 이름은 새로운 철학적 가능성 그 자체가 된 것이다.

자연이 곧 신이다

생전에 출판되지 않았지만 스피노자의 책 가운데 가장 중요하고 유명한 책은 윤리학이라는 의미의 《에티카》다. 이 책의 원래 제목은 《기하학적 질서에 따라 증명된 에티카》로, 제목처럼 이 책은 기계적인 공리公理, 정의, 증명 등을 이용한 기하학적 구조로 구성되어 있어서 철학사적으로 난해한 책으로 손꼽힌다. 그러나 스피노자에게는 책을 난해하게 쓸 의도가 없었다. 그에게는 기하학적 방법이 가장 명확했고, 때문에 자신의 철학을 전달하기에 가장 쉬운 것이었다.

스피노자가 이런 방법을 택한 것은 기하학에서처럼 공리가 참이고 정의가 정확하기만 하면 반드시 참된 결론이 보장된다고 생각했기 때문이다. 스피노자는 정의와 공리, 주석 등을 통해서 개념을 분명히 하고 추론을 엄밀하게 전개해 나간다면 사람들은 감정에 휘둘리지 않고 사실 자체를 분명하게 보게 될 것이라고 믿었다. 이런 독특한 글쓰기는 엄밀성과 일관성을 확보하기 위한 방법이었다.

《에티카》에서는 전통적인 신과 자연의 개념과 관계를 다르게 해석한다. 서양 철학은 전통적으로 세계를 완전한 세계와 불완전한 세계, 영원한 신의 세계와 한시적인 지상의 세계 등으로 구분해 왔다. 초월적인 세계는 현실의 세계와 다를 뿐 아니라 현실 세계의 목적으로 이해되었다. 세계에 인간이나 사물이 존재하는 것은 신의 목적을 이루기 위해서라는 것이다. 꽃은 아름다움을 위해 존재하고 수레는 운송을 위해 존재하며 사람은 선善을 위해 존재한다는 식이다. 이런 관점에 따르면 사물과 인간의 활동은 모두 초월적 신이 제시한 목적에 따르는 과정이 된다. 그러나 스피노자는 이 세계가 초월적인 세계를 향해 목적론적으로 이루어져 있다는 것을 부정한다.

그에 따르면 신의 세계가 지상의 세계 밖에 따로 존재하는 것이 아니고 초월적 세계가 현실 세계 바깥에 별도로 존재하는 것이 아니다. 스피노자는 이 세계가 초월적 세계와 현실적 세계로 이원화된 것이 아니라 일원론적으로 이루어져 있다고 생각했다. 자연은 목적이나 의도 없이 무한히 생성 변화하는 이 세계 그 자체다. 이는 현실 세계 이외에 초월적인 세계가 없다는 의미다. 이런 관점을 받아들이기 위해서는 먼저 신은 어떤 존재인가, 인간을 비롯한 자연은 어떻게 이루어졌는가가 새롭게 설명되어야 한다.

스피노자가 말하는 신을 이해하려면 먼저 실체 개념을 이해해야 한다. 실체는 다른 사물과 독립적으로 존재할 수 있는 것을 말한다. 또한 존재와 그 특성이 그것 자체에 의해서만 설명될 수 있는 어떤 것을 자기원인이라고 한다. 다른 존재에 영향을 받거나 다른 것의 존재를 전제한다면 그것은 자기원인이 될 수 없다. 스피노자는 자기원인이 아닌 것을 실체라고 부르기를 거부한다. 따라서 스피노자에게 실체는 오직 신뿐이다.

실체가 신 하나라면 나머지는 신에 의존하는 존재일 수밖에 없다. 따라서 세계 전체는 실체로서의 신의 일부분이 된다. 우리가 경험하는 이 세계는 실체가 변용된 모습이다. 이를 양태라 한다. 예를 들어 알, 애벌레, 번데기, 성충은 모두 나비가 그때그때 변용된 모습을 가리킨다. 이 알, 애벌레, 번데기, 성충과 같은 개별적인 모습들을 실체가 변용된 양태라고 부를 수 있다. 자연은 바로 실체인 신이 변용된 양태다.

스피노자의 신은 기독교적 의미의 신과는 다른 자연 전체를 뜻한다. 스피노자의 신은 종교적 의미에서의 인격적이고 초월적인 절대자가 아니라 자연 안에 있는 변화의 원인을 가리키는 말이다. 신은 자연 속에 내재하는 생산적인 힘이며 우리가 경험하는 자연은 실체에 의해 만들어진 양태이다. 신과 자연을 실체와 양태로 본다면 신은 더는 만물의 초월적 자리에 있지 않게 된다. 실체가 양태를 '창조'하는 것이 아니듯 자연은 신에 의해 '무無'로부터 창조된 것이 아니다.

스피노자의 시대까지 대부분의 철학자와 신학자들은 자연을 초월적 신의 창조물로 생각해 왔다. 그러나 스피노자에게 신은 곧 자연이다. 세계는 신의 창조물이 아니라 세계 자체가 바로 신이라는 것이다. 따라서 신이 곧 자연이고 자연이 곧 신이다. 초월적이고 인격적인 존재가 아니라 세계의 원인 그 자체인 것이다. 이런 관점을 사람들은 모든 것을 신으로 본다고 하여 범신론이라고 부르기도 한다. 범신론은 결국 세계와 신을 같은 것으로 보기 때문에 무신론으로 간주되기도 한다. 스피노자의 철학이 기독교 전통의 학자들과 유대교 공동체에서 무신론으로 비추어진 것은 바로 이런 까닭 때문이다.

근대 철학의 문을 열다

그의 철학은 궁극적으로 기독교나 유대교 등에서 말하는 신 관념을 부정하는 것이었기 때문에 기존 종교와의 갈등은 피할 수 없었다. 전통적으로 신은 물질적인 요소가 전혀 없는 순수한 사유의 존재로, 인격적이며 초월적인 방식으로 자연과 인간 세계를 창조했다고 여겨졌다. 스피노자는 인격적이며 오로지 사유로만 존재하는 신 관념을 버리고 자연의 물질성까지 신의 속성으로 바라본다. 인간을 포함해 자연 전체가 신의 양태이며 따라서 모든 것이 신 안에 들어 있다.

신은 자연의 원인이지만 초월적 원인이 아니라 내재적 원인이다. 신이 만물의 내재적 원인이라는 말은 마치 바다와 파도처럼 원인과 결과가 함께 존재한다는 말이다. 파도의 원인은 바다지만 바다가 파도 밖에 있는 것은 아니듯 자연 역시 결과로 존재하지만 원인인 신 안에 존재한다는 것이다. 그리고 이 자연 세계는 인격적 신의 초월적 계시에 의해서가 아니라 인과관계의 법칙으로 질서 잡힌 합리적인 세계다. 바로 이 지점에 신비한 초월적 힘 대신 기계론적인 과학이 들어올 여지가 생긴다.

근대의 합리주의는 이런 식으로 자연에 목적이나 신의 뜻이 담겨 있다는 생각을 부정하고 자연 전체를 하나의 기계로 보고자 한다. 자연은 원인과 결과의 연쇄로 이루어진 합리적 질서의 세계일 뿐 신의 계시나 뜻과는 관계가 없다는 것이다. 중세에서 근대로의 변화는 거칠게 말해 사회 전체의 중심을 종교에서 과학으로 옮겨 가는 과정이라고 할 수 있다. 스피노자의 철학은 종교와 과학을 연결했다는 평가를 받는다. 스피노자는 신이나 정신 등을 포기하는 대신 신, 정신, 물질 등을 하나로 연결하는 일원론을 세웠기 때문에 이성에 의한 과학적 탐구를 중시하면서도 신, 자연, 인간을 합리적으로 연결할 수 있었던 것이다.

이런 관점에 따르면 인간도 신의 목적에 봉사하기 위해 태어난 존재가 아니라 자연의 질서에 따라 생긴 존재일 뿐이다. 스피노자의 철학에서 인간은 우연적이며 유한하다. 우연적이며 유한한 인간의 본질을 이루는 것이 바로 욕망이다. 스피노자는 인간뿐 아니라 모든 사물은 자기를 지키려 하며 자기 안에 머무르려는 노력에 의해 존재한다고 본다. 이렇게 자기를 유지하고 지키려는 개체의 노력을 코나투스라고 부른다. 코나투스란 사람과 사물이 자기 자신의 존재를 유지하고자 하는 노력 또는 욕구를 말한다.

자기 보존의 힘

자기 보존의 욕구로서 코나투스는 인간을 포함한 모든 존재의 진정한 본질이다. 코나투스가 정신에 관계될 때는 이를 의지라고 부르지만, 정신과 육체 모두에 관계될 때는 충동이라고 불린다. 충동을 의식하면 이는 욕망이 된다. 그런데 충동과 욕망을 구분할 줄 모르는 인간은 스스로 자유롭게 선택했다고 믿지만 이는 결국 자연적 필요성에 따른 행위이다.

결과적으로 욕망은 인간의 본질로서 자연의 필연성에 합치해 나가는 과정이라고 할 수 있다. 이 욕망이 인간의 사고와 행동을 결정한다. 여기에는 신에 의한 목적이 개입되어 있지 않다. 따라서 외부의 어떤 초월적인 원인 때문에 행동이 이루어지는 것이 아니라 오로지 자연의 필연성을 따를 뿐이다. 따라서 스피노자의 관점에 따르면 외부에 초월적인 원인을 설정해서 인간 행동의 목표로 삼는 것은 내적인 동기나 자기 보존의 본성과 관계없이 외부에서 목표를 억지로 주입하는 것에 다름없다.

스피노자는 도덕적 선이란 이런 외부적 주입으로 생기는 것이 아니라 자기를 보존하려는 성향을 추구할 때 나타난다고 보았다. 우리가 선을 행하는 것은 그것이 선이라고 판단해서 그것을 향해 노력하고 의지하고 욕망해서가 아니라 오히려 노력하고 의지하고 욕망하기 때문에 그것을 선이라고 판단한다는 것이다. 이런 관점은 전통적인 철학의 입장에서 보면 이단에 가깝다. 전통적인 철학에서는 욕망을 언제나 결여나 결핍으로 여겼기 때문이다.

스피노자는 욕망을 통제하거나 배제하려는 노력에 의해서가 아니라 자기를 보존하려는 힘을 더욱 고양시키는 노력에 의해 행복이 얻어진다고 본다. 자기 보존을 위한 노력과 욕망을 인정하는 바탕에서 최종적으로 스피노자가 바랐던 것은 인간이 최고의 행복에 도달하는 것이다. 그것은 신을 이성적으로 직관하고 사랑하는 방식에 따라 얻어질 수 있다. 스피노자의 철학이 신을 주제로 삼는 형이상학에서 출발했음에도 윤리학이라는 이름을 내건 것은 바로 이 때문이다. 인간의 행복이 그의 철학의 핵심적 주제였던 것이다.

그가 구상한 인간의 행복은 당시에 받아들여지지 않았고 도리어 그의 자유를 속박했다. 그 대신 스피노자는 다락방에 세운 자신의 우주에서 시대를 넘어서는 철학적 세계를 기획했다. 그 기획은 여전히 종교의 권위가 강력하게 작동했던, 개인의 정치적 힘을 인정할 수 없었던 당대에는 수용될 수 없었지만 그에게 진정한 자유를 부여했다. 이제 사람들은 근대를 '스피노자'라는 이름을 통해 조명하는 것이다.

조선에도 스피노자와 유사한 사람이 있다. 유배되었지만 가장 자유로웠던 사람, 시대를 초과해서 시대와 불화했지만 그 불화 때문에 지금도 기억되는 사람, 정약용이다.

청년 정약용, 정조를 만나다

———————— 다산 정약용茶山 丁若鏞, 1762~
1836은 이제 명실공히 한국 최고의 사상가 반열에 올랐다. 2012년
유네스코는 탄생 250주년을 맞이하는 정약용을 독일 문학가 헤르
만 헤세와 프랑스 작곡가 클로드 드뷔시, 프랑스 사상가 장 자크 루
소와 함께 올해의 인물로 선정했다. 대중적으로도 많이 알려져 있
기 때문에 조선 후기의 실용적 학풍을 의미하는 '실학'이라는 말이
나오면 바로 정약용을 떠올릴 정도다. 실학의 집대성자로 평가되는
그의 저작의 광대함, 학문의 폭과 깊이 외에도, 우리는 18년간이나
강진에서 유배 생활을 했고 거중기를 만들어 수원 화성 건축에 크
게 공헌한 사실 등 그가 겪은 삶의 영욕에 대해 대략 알고 있다.

정약용의 삶은 조선 후기라는 사회의 모순과 가능성을 축소한
지도와 같다. 그의 정치적 좌절이 조선 후기 사회의 정치적, 학문
적 한계와 모순을 보여 준다면 그가 이룬 사상적 성취는 청대의 학
풍인 고증학, 중국에 들어온 서양 학술인 서학西學, 공자와 맹자로
대표되는 고대 유학 등 당대의 사상 인자를 창조적으로 변용하고
종합해 새롭게 재창조할 수 있었던 조선 후기의 사상적 개방성을
보여 준다. 지금의 우리는 이 양면을 다 볼 수 있지만 정약용의 시
대에는 그럴 수 없었다.

길고 긴 유배 생활, 그리고 끝내 조정으로 복귀하지 못한 정약

용의 이력을 들으면 보통 사람으로서는 안타까움이 앞선다. 그러나 정약용은 단순한 비극적 운명의 주인공은 아니다. 정약용에게는 그의 삶이 빛났을 때도 그렇지 않았을 때도 그를 깊이 신뢰하고 인정하는 인물들이 있었다. 그의 삶에도 역시 찬란하고 빛나는 시절이 있었으며, 더 나아가 유배라는 외적인 상황이 방해하지 못할 만큼 대단한 결과를 이루어 냈다.

정약용은 18세기 후반에서 19세기 초반까지 살았던 사람이다. 이 시기는 조선 사회가 쌓아 온 온갖 모순이 밖으로 돌출되기 시작하는 일종의 역사적 변동기라고 할 수 있다. 사회적 모순들은 이를 돌파할 새로운 제도와 변혁에 대한 요구를 일으킨다. 기득권을 유지하고 지키려는 사람들이 있었고 모순을 간파하고 제도 개선을 모색하는 사람들도 있었다. 정치적 실권을 잡기 위해 당파적 경쟁을 하던 사람들이 전자라면 주로 재야의 학자들은 과거제나 토지 제도의 개혁을 통해 문제를 해결하고자 했다. 말하자면 18세기는 정치적 갈등과 사상적 분화가 본격적으로 진행되던 시기라고 할 수 있다.

정약용은 1726년 영조 때 경기도 광주의 마현에서 진주목사를 지낸 정재원의 넷째 아들로 태어났다. 어려서 정약용은 아버지의 부임지를 따라 서울에 살기도 했고 전남 화순이나 경북 예천에서 살기도 했다. 스무 살 때 서울에 올라와 본격적으로 과거 공부에 돌입했고, 스물두 살에 초시에 합격해서 성균관에 들어간다. 이후로 그는 유배 직전까지 약간의 승강부침은 있었지만 대체로 정조의 총애와 후원 속에서 승승장구했다.

스물두 살에 진사과에 합격하며 처음 정조를 만난 정약용은 이후 성균관에서 치른 여러 시험에서 승승장구하며 정조의 눈에 든다. 정조는 정약용의 천재성을 발견하고 그와 다양한 주제로 토론하는 한편 그를 자기의 정치적 구상을 도울 중요한 인물로 발탁한다. 정조는 심지어 아버지의 상을 치르기 위해 정약용이 고향에 돌아가 있었을 때에도 그를 불러들이고자 했다. 정약용의 능력을 인정한 정조는 수원 화성 건축의 중요한 책임을 정약용에게 맡긴다. 물론 정약용은 정조의 기대를 저버리지 않았다. 정약용은 정조가 하사한 서학서 가운데 기계에 관련된 책을 바탕으로 '기중가起重架'라는 기계를 만드는 등 화성 건축에서 중요한 역할을 한다. 정조는 정약용이 서른아홉에 유배되기 직전까지 정약용의 최대 후원자였던 것이다.

정약용에게는 정조만큼이나 중요한 영향을 미친 인물이 또 있다. 정약용을 이해하려면 그의 삶과 학문의 방향을 결정지을 또 하나의 중요한 만남을 놓쳐서는 안 된다. 광암 이벽과의 만남이다.

《천주실의》, 다른 사유의 시작

1784년 봄, 스물세 살의 전도유망한 태학생조선 시대에, 성균관에서 기거하며 공부하던 유생. 주로 장의掌議 이하 생원과 진사를 통틀어 이른다이었던 청년 정약용은 형수의 제사에 갔다가 서울로 올라오는 배 안에 있었다. 이 배에서 그는 이후의 삶에 결정적인 영향을 끼친 운명적인 대화를 나눈다. 대화의 중심은 자신보다 여덟 살 많았던, 형수의 남동생 이벽李檗, 1754~1786이었다. 그가 들려주는 이야기는 놀라웠다. 중국에 들어온 서양 사람들이 여러 책을 썼는데 그 속에 놀라운 진리가 숨어 있다는 것이다.

이벽은 이 책들에 이 세상은 '천주' 또는 '상제'라고 불리는 신이 창조한 것이고 사람에게는 영혼이 있어 몸은 죽어도 영혼은 영원히 소멸하지 않는다는 내용이 들어 있다고 했다. 정약용은 후에 이 말을 들은 뒤 '어리둥절하고 놀라 마치 은하수가 끝이 없는 것 같았다'고 술회한다. 그 후 정약용은 이벽을 찾아가 《천주실의》, 《칠극》 등의 서학서를 빌려 보았다. 서학서란 중국에 진출한 예수회 선교사들이 기독교와 서양 철학, 과학을 소개하기 위해 중국어로 번역한 책으로, 중국은 물론 조선에까지 들어와 조선 지식인들에게 상당한 영향을 끼쳤다. 이벽도 서학서를 보고 천주교에 가까이 간 사람 중 하나였다.

이벽은 성호 이익의 제자였던 권철신의 문하에서 공부했기 때문에 일반적으로 성호의 학맥을 이은 것으로 여겨진다. 이벽은 권철신의 문하에서 이가환, 정약전, 정약종, 정약용 등을 만나 깊이 있는 학문적 교류와 새로운 학문에 대한 토론을 진행한 진지하고도 개방적인 젊은 학자였다. 이벽을 천주교 신앙으로 이끈 것은 젊은 유학자들의 학술적 토론회, 즉 천진암 주어사에서 열린 강학회로 알려져 있다.

기록에 의하면 이벽은 1779년 권철신과 정약용의 형 정약전, 정약종, 매형 이승훈 등이 참여한 강학회에 눈 오는 밤길을 뚫고 찾아갔다고 한다. 열흘간의 강학회는 조선의 지배담론이었던 주자학의 중요한 문제들을 고민하는 연구의 장이었지만 동시에 서학서를 함께 읽고 토론했던 새로운 학문의 토론장이기도 했다. 이 강학회를 계기로 이벽은 서학에서 전하는 서교 즉 천주교로 기울었고 이후 주변에 천주교를 알려 나갔다.

이벽을 따르던 사람 중의 하나가 바로 정약용이었다. 정약용은 태학생이었던 23세1784년 여름에 정조가 《중용》을 읽고 신하들에게 내린 질문 목록을 들고 이벽을 찾아가 그와 함께 《중용》 전반에 관한 깊이 있는 토론을 한다. 이 토론은 정약용의 삶을 결정짓는 중요한 계기가 되었다. 당시 이벽을 통해 접한 서학의 여러 이론들은 그의 사상 안에 깊이 내면화되었고 그의 사상적 자양분이 되었다. 그러나 이 외래의 사상과 종교는 그의 삶에 더 결정적인 영향을 끼쳤다. 천주교에 발을 들였다는 꼬리표가 결국 그의 발목을 잡아 18년간의 긴 유배 생활을 하도록 만들었기 때문이다.

불온의 낙인, 피의 숙청

중국을 경유해 들어온 서양의 학술과 천주교는 18세기 조선의 정치적 갈등과 사상적 분화에 지

Chapter 5. 유배당한 삶

대한 영향을 미친 중요한 변수였다. 수학이나 천문학, 지리학 등 과학 이론도 유입되었지만 특히 천주교의 유입은 조선 사회를 내부에서 변동시켜 나간다. 처음엔 서학서를 통해 양반이, 천주교 신앙에 가까이 간 양반들이 처형당하거나 유배된 뒤에는 중인들이 천주교에 접근했다.

천주교에서 말하는 만물의 창조주로서의 신, 영원히 소멸되지 않는 영혼의 존재, 선악에 대한 보상과 징벌로서의 천당지옥은 유학이나 불교 등 전통적인 관념과 유사하면서도 달랐다. 그러나 우상 숭배라는 명목으로 조상 제사를 금하는 천주교의 전교 정책은 조선 사회에서 큰 갈등을 낳았다. 낯선 외래의 사상과 종교는 18세기 조선의 분화를 더욱 촉진시켰던 것이다. 이 내파에서 가장 큰 충격을 입은 것이 정약용과 그의 형제들이었다.

최초의 영세자로 알려진 이승훈은 정약용의 매형이었고, 중국 천주교회에 천주교의 확산을 위해 조선을 공격하라는 내용의 밀서를 중국 교회에 전달하려다 적발됨으로써 조선 사회를 충격에 빠뜨린 황사영은 정약용의 조카사위였다. 외가인 해남 윤 씨 쪽으로도 천주교와 연결되어 있다. 천주교를 접하고 제사를 폐하고 위폐를 불태워 참수당한 진산사건의 주인공 윤지충은 정약용의 외가 쪽 6촌이었다. 일련의 사건으로 천주교가 사회적 악이 되어 버리자 정약용과 그의 친형제들에게도 피의 칼날이 들이닥쳤다.

사실 정약용이 천주교 신자였는가 아닌가는 아직도 논쟁거리다. 천주교 측 기록에는 정약용이 배교한 신자로 서술되어 있지만 연구자들 가운데는 이를 인정하지 않는 경우가 많다. 그가 스스로 천주교를 떠났다고 밝혔을 뿐더러 그가 추구한 학문적 핵심이 유학을 넘어가지 않기 때문이다. 그러나 천주교 신앙 여부와 관계없이 서학서에 담긴 새로운 세계관과 지식들이 정약용 철학의 중요한 축이 되었음은 분명하다. 그에게 서학은 현대적 개념의 '종교'였다기보다는 새로운 학문이었다고 보아야 할 것이다. 그는 서학을 통해 유학을 새롭게 볼 통로를 확보했던 것이다.

사실 정약용이 내리막길에 서게 된 계기 중 하나는 정약용의 가장 큰 정치적 후원자였던 정조의 죽음이라고 할 수 있다. 유배 이전에도 조선에서 천주교는 사회를 위협하는 이단으로 치부되었고 정약용 역시 천주교 신앙 여부로 의심을 받았다. 그러나 그때마다 반대파들의 견제를 막아 주던 이는 정조였다. 정약용은 동부승지 벼슬에 오른 뒤에도 천주교를 접했다는 공격을 받고 사직하기도 했다. 그러나 어떤 상황에서도 정조는 그를 신뢰했고 결국 가까이로 불러들였다.

그러나 정조가 세상을 뜨자 아무도 그를 막아 줄 수 없었다. 결국 정조가 세상을 떠난 다음 해인 1801년 신유교난이 일어남으로써 그의 정치적 생명도 끝나고 말았다. 신유사화 혹은 신유박해로도 불리는 이 사건으로 매형 이승훈과 형 정약종은 참수되었고 또다른 형 정약전과 그 자신은 겨우 목숨을 부지하고 유배를 가야 했다. 정약용은 처음에 장기로 갔다가 9개월 후인 11월에 강진으로 옮겼고 그 후로 18년간 강진을 떠나지 못했다.

유배지에서 꿈꾼 세계

처음 유배되었을 때 정약용은 주막에 딸린 작은 방에서 기거했다. 당시 조선에서 유배자들은 자신이 살 집을 직접 구해야 했기 때문이다. 여러 곳을 전전하던 끝에 정약용은 1808년 전남 강진의 귤동 근처 야산에 초당을 짓고 자리 잡음으로써 안정적인 조건에서 연구에 전념할 수 있었다. 이 산은 야생차가 많았기 때문에 정약용은 이를 다산茶山이라고 이름 지었고 이를 따라 자신의 호를 지었다.

유배 기간 내내 정약용은 가난과 병을 짊어져야 했다. 가까운 이의 죽음은 그를 괴롭혔다. 정약용은 특히 흑산도에 유배되어 있던 형 정약전과 고향에 있던 막내아들이 죽었다는 소식에 깊이 절망했다. 이미 아들 셋 딸 하나를 잃었던 정약용이었지만 유배 온 지 얼마 되지 않아 떠나보낸 막내의 죽음에는 슬픔을 이길 수 없을 정도로 비통해했다.

병 역시 그를 괴롭히는 벽이었다. 그는 학질의 일종인 축일학을 앓기도 했고 두통이나 종기는 물론 다리나 어깨가 마비되는 증세를 겪기도 했다. 학자로서 제일 괴로운 것은 아마도 눈병이었을 것이다. "쇠약해진 탓에 문밖으로 나갈 수도 없어 정신과 몸의 진액이 모두 이미 빠져나가 버려 실낱같이 남아 있을 뿐"이라고 하소연한 일도 있다. 그러나 정약용은 개인적 고통을 이겨 내고 엄청난 양의 저술을 완성해 나갔다.

스피노자에게 그랬듯 정약용에게 기회가 없었던 것은 아니다. 여전히 조정에는 정약용의 능력을 아는 이들이 있었기 때문에 유배 직후부터 여러 사람들이 정약용의 유배를 풀기 위해 노력했다. 정약용의 아들이 억울함을 호소해 해배解配가 논의된 일도 있었다. 정조를 이어 왕이 된 순조를 수렴청정했던 정조의 어머니 정순왕후 역시 정약용을 다시 등용하고자 했지만 정약용이 암행어사 시절에 고발한 적이 있던 서용보라는 인물이 반대하여 끝내 실현되지 못했다. 유배에서 풀려난 뒤에도 조정에 돌아갈 기회가 있었지만 영의정까지 지낸 서용보가 끝내 반대하는 바람에 결국 정약용은 자신의 뜻을 펼 기회를 얻지 못했다. 어쩌면 천주교를 신앙했다는 죄명보다 서용보에게 얻은 원한이 더욱 불리하게 작용했는지도 모른다.

유배되었을 때도, 유배에서 풀려난 뒤에도 정약용은 막혀 있었고 갇혀 있었지만 그의 학술까지 유폐되었던 것은 아니다. 몸이 갇힌 만큼 정약용은 강렬한 의지로 자신의 학술을 완성해 나간다. 사실 정약용이 그토록 많은 양의 저술을 남길 수 있었던 이유는 유배의 기간이 길었기 때문만은 아니다. 강진에는 어머니의 종친인 해남 윤 씨들이 살았는데 처음에는 죄인으로 유배 온 정약용을 외면했지만 결국 그를 후원했고, 정약용은 해남 윤 씨 가문의 장서들을 연구에 활용할 수 있었다. 또 해남 윤 씨의 자제들이 제자로 들어와 정약용의 저술을 돕기도 했다.

정약용의 작업 중 상당 부분은 제자들과 공동 작업을 통해 이루어 낸 것이다. 전체의 체계와 핵심적인 논점은 정약용 자신의 것이지만 역대의 수많은 글들 가운데서 전거를 뽑고 정리하고 분류하는 일은 제자들의 몫이었다. 정약용은 제자들이 필사하고 분류하고 정리해 놓은 전거들에 자신의 의견을 덧붙이는 방식으로 저술을 완성해 나갔다.

정약용이 유배에서 풀려나 고향에 돌아온 것은 1818년 가을, 그의 나이 57세 때였다. 그 후 1836년 75세의 나이로 세상을 뜰 때까지 정약용은 언젠가 자신의 학문이 세상에 쓰일 날을 기대하며 저술을 정리했다. 이 당시 그가 선호했던 호는 후대를 기약한다는 의미의 '사암俟菴'이었다.

리(理)를 넘어서 상제(上帝)로

———— 사실 그의 사상 전체가 시대와 불화했다거나 시대에 담을 수 없을 만큼 급진적이라고 말하기는 어렵다. 정약용 자신이 내세우는 대표적 저술인 1표2서, 즉《경세유표》,《목민심서》,《흠흠신서》는 목민관을 위한 지침, 국가적 제도와 행정 조직의 구성, 재판과 법리의 운용 등 유교 국가 구성에 꼭 필요한 토대를 제공하기 위한 기획이었다. 이 책 속에 정약용이 담은 세계는 도덕적 이상국가라는 유학의 본령을 조금도 이탈하지 않

는다. 그의 철학은 예와 법으로 통치되는 유교적 이상국가의 틀 안에서 개인적 도덕성의 회복을 통해 사회의 분열과 모순을 해결하고자 했다는 점에서 여전히 전통적인 유학의 지평 안에 머문다.

정약용 철학의 가장 큰 특징은 당대의 지배 학문이었던 주자학에 거리를 두었다는 것이다. 잘 알려져 있듯 주자의 이론과 경전 해석만을 정통의 자리에 두었던 조선에서 주자학에 비판적인 거리를 두었다는 점은 특별한 의미가 있다. 주자학을 넘어서는 해석이 허용되지 않았던 교조적 시대였기 때문이다. 그러나 정약용은 주자학과 다른 사유를 펼쳐 나간다. 그가 주자학을 비판적으로 사유할 수 있었던 배경에는 젊어서 배운 서학의 영향이 크게 작용한다.

그는 서학의 이론을 활용해 주자학의 핵심 주제인 이기론을 재검토한다. 주자학에서는 세계가 개별적인 존재를 그 존재로 만들어 주는 원리인 리와 형질을 이루는 기로 이루어져 있다고 보았다. 주자학에서 리는 만물의 근원적 이치이자 가치의 토대이다. 그러나 원리가 아니라 인격적 창조주가 세계를 창조했다고 보는 천주교에서 리는 위협적인 관념이었다. 리 즉 태극이 기독교의 신과 같이 만물의 생성과 발전에 근원 역할을 하기 때문이다. 이 때문에 15세기 말, 기독교를 전하기 위해 중국에 들어와 중국어로 여러 저작을 낸 예수회 신부 마테오 리치는 중국인들을 설득하기 위해 가장 먼저 리를 부정하지 않을 수 없었다. 마테오 리치는 서양 철학을 바탕으로, 리는 그저 사물에 붙어 있는 속성에 불과하다고 비판한다.

정약용은 이러한 논법을 활용해 리가 사물에 붙어 있는 의존적인 것에 지나지 않는다고 깎아내린다. 리를 세계의 중심으로 이해하던 전통적인 이해 방식에서 볼 때 이런 발언은 주류 철학에 대한 분명한 도전이다. 정약용이 리가 만물의 진정한 근원이 아니라고 본 이유는 리에 인격성이 없기 때문이다. 정약용은 리가 비인격적 원리이기 때문에 사람들의 삶에 아무런 영향을 끼칠 수 없다고 생각한다. 정약용은 인격성이 없는 원리 대신 우리의 삶을 도덕적으로 이끌 존재를 내세운다. 그것이 바로 《시경》이나 《서경》에 자주 등장하는 '상제上帝'다. 그 자체로 완전한 원리인 리가 세상을 주재한다고 보는 주자학과 달리, 정약용은 고대 유학의 상제를 되살려 사회와 개인의 도덕성을 이끌어 내고자 한다. 물론 이때의 상제는 기독교의 신과 다르다. 세계를 창조한 초월자도 아니고 인간의 신앙과 경배를 필요로 하는 숭배의 대상도 아니기 때문이다.

정약용이 생각한 유학의 근본적 가르침은 어두운 곳에서도 나의 일거수일투족을 바라보는 상제를 떠올리며 도덕적인 실천을 하라는 하늘의 명령에 따라야 한다는 것이었다. 정약용은 천주교와 고대 유학으로부터 상제를 인격적인 작용을 하는 신적 존재로 보는 방법을 배워 온다. 인간이 도덕적 실천을 할 수 있는 근거는 도덕성의 근원인 상제가 우리 곁에서 인간을 지켜보기 때문이다. 정약용은 신앙의 대상이 아니라 도덕적 각성의 토대로 고대 유학에 등장하는 상제를 그의 시대에 새롭게 요청한 것이다.

그런 맥락에서 정약용의 목표는 서학의 수입이나 천주교 신앙에 있다고 보기 어렵다. 철저한 유학자였던 정약용에게 서학은 유학의 정신을 되살리도록 도와주는 방편과도 같은 것이었다. 젊어서 접한 천주교는 그의 정치적 생명을 끊었지만 그 안에 담긴 새로운 세계관은 정약용에게 유학을 새롭게 조명할 수 있는 시야를 제공했던 것이다.

결과적으로 기나긴 유배 기간 동안에 남긴 그의 저작들은 그를 조선 최고의 학자로 만들어 주었다. 유배 기간 동안 정약용은 유학의 경전들을 검토하고 연구서를 새롭게 썼고 사회 제도 개혁에 관한 글을 썼다. 역사나 지리, 언어나 기기, 의학에 이르기까지 그가 다루지 않은 분야가 없을 정도다. 그의 사상은 백성들의 생활에 이롭게 보탬이 되어야 한다는 이용후생과 국가와 사회를 다스리는 데 도움이 되어야 한다는 경세치용의 학문적 경향을 모두 가지고 있다. 이 때문에 정약용은 실학의 집대성자로 불린다.

그러나 그의 사상적 기획과 실천은 단순히 있는 것들을 모아 정리하는 집대성에 그치지 않는다. 그는 유배지의 좁은 방에서 조선을 넘어 중국으로, 중국을 넘어 서양의 학문까지 수용한 조선 최초의 그리고 최고의 코스모폴리탄이었다. 그는 당대에 갇혀 있었지만, 평생에 걸친 그의 학문적 기획과 노력은 다음 시대에 이르러서야 본래에 걸맞은 평가를 받았다. 이로써 정약용은 자신의 학문이 시대와 불화했던 것이지 가치가 없는 것이 아니었음을 충분히 증명한 셈이다.

불화를 견디는 법

팀 버튼이 만든 판타지 영화 〈빅피쉬〉2003는 평생 '이야기꾼'을 자처하는 아버지의 황당한 허풍에 질릴 대로 질려 있던 월이 이제 위독한 상태로 병상에 누워 있는 아버지 에드워드를 만나러 가는 이야기로 시작된다. 오랜만에 만난 아들에게 다시 예전의 허풍스러운 모험담을 늘어놓는 아버지에게 또다시 실망했지만 월은 아버지의 물건을 정리하며 아버지의 허풍이 사실은 어떤 현실의 다른 국면일 수 있음을 깨닫는다. 그리고 직접 아버지의 흔적을 찾아 나선다. 그 과정에서 그는 아버지의 행적에 관한 뜻밖의 사실들과 마주친다.

결국 그는 사실이건 아니건 아버지의 '이야기'가 아버지를 구원했음을 깨닫고 아버지의 방식대로 아버지를 떠나보내기로 한다. 아버지가 구상한 이야기를 완성하는 것이다. 아버지는 병원을 탈출해 원래 있던 곳인 강가로 돌아가 커다란 물고기가 된다는 아들의 이야기를 들으며 편안히 숨을 거둔다. 4미터가 넘는 거인과 몸이 붙은 쌍둥이, 늑대인간이라는 서커스 단장 등 아버지 모험담 속의 주인공들이 장례식장으로 걸어오는 장면은 환상과 현실, 거짓과 진실의 경계가 어떻게 연결되어 있는지를 보여 준다.

영화는 많은 이야깃거리를 남겨 주었지만 유배당한 이들의 삶을 통해 바라본다면 한 가지 분명하게 드러나는 것이 있다. '이야

스피노자와 정약용

기'가 시대에 합치될 수 없는 몽상가를 구원한다는 것이다. 에드워드는 단순히 현실을 도피하기 위해 이야기를 지어내는 몽상가가 아니었다. 그는 자신이 겪은 일의 다른 국면을 볼 수 있는 사람이었고 그 경험들이 더 큰 이야기의 일부라고 믿는 사람이었다. 아주 작고 사소한 경험도 그의 이야기에서는 뼈대가 되고 세부가 된다. 영화는 시대가 요구하는 틀에 들어맞지 않는, 독특한 눈과 생각을 가진 이가 세상을 떠나지 않으면서도 세상에 막히지 않을 수 있는 방법을 알려 준다. 그것은 삶을 이야기로 만드는 능력이다.

그렇다면 에드워드의 힘은 단순한 상상력이 아니라 현실에서 직접 경험한 것들을 통해 세계를 구상하고 기획하는 능력에 있다고 할 수 있을 것이다. 현실과의 긴장을 잃지 않으면서도 자신의 세계를 구상하고 기획할 수 있었기 때문에 그는 자신을 신뢰하지 않는 아들과의 불화와 자신에 대한 세상의 외면을 견디면서도 묵묵히 보통 사람들과 섞여 살 수 있었던 것이다.

이야기꾼들이 '이야기'로 세상과의 불화를 견뎌 냈다면 철학자들은 논리와 이념을 바탕으로 한 철학적 기획으로 당대와의 불화를 견뎌 냈다고 할 수 있다. 올바른 세상에 대한 누구보다 강렬한 의지를 가졌음에도 이를 펼쳐 나갈 토대를 갖지 못했던 이들은 사유로 세계를 기획하고 그 세부를 설계하는 데 평생을 헌신했다. 이들이 현실의 불행에 흔들리거나 좌절하지 않았던 것은 평생을 걸고 이루어 나갈 학문이 있었기 때문이다. 관념적인 만족이나 개인적 수양으로 시대와의 불화를 견뎌 나가는 이들도 있지만 이들이 그런 이들과 달랐던 점은 현실 세계에 대한 긴장과 책임감을 버리지 않았다는 것이다.

스피노자도 정약용도, 현재에 실현될 수는 없지만 자신의 사상이 담길 만한, 기획하고 구상한 세계가 실현될 날이 올 것을 믿었기 때문에 흔들리지 않고 자기 길을 갈 수 있었을 것이다. 철학자도 이야기꾼도 될 수 없지만 여전히 우리 주변에는, 나 자신일 수도 있는, 시대와 불화하는 사람들이 있다. 철학적 구상도, 환상적인 이야기도, 돈키호테와 같은 모험정신도 없는 보통의 사람들은 이 불화를 어떻게 견뎌야 하는가.

답은 외부에서 주어지지 않을 것이지만 한 가지 분명한 것이 있다. 영원히 지속되는 힘은 없다는 것, 무엇보다 진정성 있는 삶은 언젠가는, 어디에선가는 열린다는 것. 그러니 시대와 불화하는 이에게 필요한 것은 당장 시대를 바꿀 힘이 아니라 자신의 진정성에 대해 질문해 가며 단단해지는 과정과 시간의 경과를 조급해하지 않는 여유일지도 모른다.

성호 이익과 레비나스

공감하는 삶 Chapter 6

고통에 공감하는 능력이 꼭 필요한지, 어떤 의미가 있는지는 대답하기 어렵다. 그럼에도 한 가지는 분명하다. 타인의 고통에 연결된 누군가의 공감과 그에 따른 실천이 없었다면 지금 우리의 삶은 지금보다 훨씬 차고 건조했으리라는 것. 자기에게 집중하는 능력을 가르치는 사회에서도 여전히, 효율이 아니라 공감에서 삶의 의미를 찾는 사람들이 있다는 것. 무엇보다 나에게도 언젠가는 반드시 고통이 찾아오며, 타인의 공감이 없다면 그 고통에서 헤어 나오기 어렵다는 것.

나는 당신을 봅니다

미래 사회, 우주를 개발할 능력을 확보한 지구인들은 새로운 자원인 언옵타늄을 찾아 판도라 행성에 와 있다. 이 행성의 주인은 나름의 언어와 문명을 가진 나비 Na'vi족으로, 자원을 차지하기 위해 인간은 나비족의 형상을 한 '아바타'에 인간의 의식을 연결해 원격조종하는 시스템을 시험 중에 있다. 언옵타늄이 묻혀 있는 생명의 나무를 신처럼 숭상하는 나비족은 모든 생명체와 소통하며 평화롭게 살아가고 있었지만 결국 자원을 노리는 인간들과 맞서 싸우지 않을 수 없게 된다.

다리를 다쳐 하반신이 마비된 해병대원 제이크 설리는, 아바타 훈련을 받았지만 불의의 사고로 세상을 떠난 쌍둥이 형을 대신해 아바타에 접속하게 되고 우여곡절 끝에 나비족에 섞여 들어가 그들의 삶을 배우고 그들의 생활에 동화된다. 마침내 그는 인간이 아니라 나비족의 편에 서서 그들과 함께 인간의 탐욕이 만든 전쟁에 맞서 싸운다.

이 영화는 그해 전 세계 흥행 선두에 올라서며, 서구의 제국주의, 환경 파괴, 정령 숭배 등에 관한 다양한 논쟁을 불러일으켰다. 이 영화에서 우리는 서구 제국주의가 인디언을 비롯해 비서구 세계를 정복해 나가는 폭력의 역사부터, 모든 것이 연결되어 있다는 불교의 세계관, 만물의 자연성을 그대로 인정해야 한다는 도가적 생명관까지 다양한 메시지를 읽을 수 있다. 그 메시지 중 하나는 나비족이 생존하는 방식에 담겨 있다.

다국적 기업과 그들이 고용한 용병들과는 달리, 나비족과 평화로운 협상을 원하며 그들과 소통할 수단으로 아바타를 연구 중인 과학자 그레이스 박사는 판도라 행성의 생태계를 다음과 같이 설명한다. "나무 뿌리들이 서로 전기화학적으로 소통해요. 마치 인간 신경세포의 시냅스 같아요. 인간의 두뇌보다 더 촘촘하지요. 일종의 글로벌 네트워크라고 할까요. 나비족들은 그걸 이용해 데이터

성호 이익과 레비나스

와 메모리를 주고받을 수 있어요."

어머니 나무 '에이와'로부터 생명을 나누어 받은 판도라 행성의 모든 식물들은 전기화학적으로 소통하는 신경망으로 연결되어 있어 서로 정보를 주고받으며 공생한다. 여기서는 식물들뿐 아니라 모든 생명체들도 서로 교감하고 소통한다. 인간에 가까운 나비족은 말이나 새를 이동 수단으로 쓰지만 그들과 깊은 교감을 나누는 특별한 관계를 맺음으로써 그들과 공존한다. 물리적 수단을 사용하지 않아도 교감할 수 있는 나비족은 서로 멀리 떨어져 있어도 소통할 수 있다. 말 그대로 판도라 행성의 모든 존재들은 서로 '연결'되어 있다. 단순히 물리적으로 연결되어 있는 것이 아니라 서로 '교감'하는 방식으로 연결되어 있는 것이다.

모든 존재가 자연의 순환 시스템의 일부라는 사실을 알고 있는 나비족은 불필요한 희생은 최소화하지만 어쩔 수 없는 희생이 발생할 때 기도로써 살생한 존재에게 감사와 애도를 표한다. 특히 이들은 상대와 교감할 때 "나는 당신을 봅니다I see you"라고 말한다. 이때 그들이 보는 것은 눈에 보이지 않는 그들 사이의 연결일 것이다.

이런 세계에서 '세계가 하나로 연결되어 있다'는 말은 물리적으로 엮여 있다는 의미에 한정되지 않는다. 이 세계에서 모든 존재가 연결되어 있는 것은 생명의 정보를 주고받으며 서로의 상황을 인정하는 '공감'이 이루어지기 때문이다. 타자를 향해 나를 돌리는 것, 그를 읽고 내가 읽히도록 서로를 여는 것, 열려 있는 곳으로 들어오는 타자의 정보를 무시하지 않고 돌아보고 인정하는 것, 나를 감당하기 위해 먼저 타인을 감당하는 것, 그리하여 지금 우리 사회에 그토록 부족한 것, 공감共感.

맹자에 따르면 타인의 고통에 공감하는 능력이 인간의 근본적인 조건이다. 맹자의 사유 실험은 단순하다. 지금 내 앞에 낮은 우물로 아기가 기어가고 있다. 그대로 두었다가는 곧 우물에 빠질 것이 분명하다. 과연 어떻게 할 것인가. 아마 대부분은 순식간에 안타깝고 놀라는 마음이 생겨나 앞뒤 재지 않고 당장 달려가 아기를 안아 올리게 될 것이다. 맹자는 이런 상황을 가설해 놓고 묻는다. 과연 우리는 왜 이 아기를 구하고자 하는가?

맹자는 우물에 빠지려는 아기를 보았을 때의 안타깝고 놀라운 마음, 달려가서 구하는 마음의 근원을 물으며 여러 상황을 가정한다. 아기의 부모를 알기 때문에 구하는 것인가? 좋은 일을 했다고 친구들에게 큰소리치기 위해서인가? 혹은 구하지 않았을 때 마을 사람들로부터 비난받을 일이 두려워서인가? 그러나 우리는 잘 알고 있다. 모르는 아이였어도 구했을 것이며 위기의 상황에서는 친구들의 칭찬이나 마을 사람들의 비난을 생각할 겨를이 없다는 것을.

알려진 대로 맹자는 이 마음 즉 타인의 고통을 차마 외면하지 못하는 본능적인 마음을 측은지심惻隱之心이라 불렀다. 맹자에 따르면 인간이 인간일 수 있는 것은 이 측은지심 때문이며, 모두가 측은지심을 가지고 있다는 점에서 인간은 본성적으로 도덕적인 존재이다. 결과적으로 인간이 인간일 수 있는 것은 오직 타인의 고통을 안타까워하는 마음 때문인 것이다.

과거에도 그랬지만 각박하고 더 차갑게 고립되어 가는 지금 이 순간에도 우리 주변에는, 우리 자신일 수도 있는, 천성적으로 타인의 고통에 공감하는 품성을 가진 이들이 있다. 누군가는 잊었거나 지웠지만 여전히 우리 중 누군가는 공감 특히 고통에 대한 공감을 삶의 중요한 본질로 여긴다. 어떤 이들은 삶이 고립되어서는 안 되며 타인의 삶에 특히 타인의 고통에 열려 있어야 한다고 생각한다. 고통에 공감하는 사람들에게는 정의 역시 고통과 공감의 문제가 된다. 정의란 자신의 몫을 정확히 분배받는 것이 아니라 누군가를 과도한 고통으로부터 구하는 것이라고 믿는 것이다.

지금부터 만나 볼 두 철학자 역시 사변적인 학문적 주제로서의 공감이 아니라 자신의 삶에서, 그리고 학문에서 이를 실천하고 제안한 진정한 공감의 철학자들이라고 할 수 있다. 점점 더 타인에 대한 혐오와 공격성에서 삶의 에너지를 얻는 사람들이 많아지는 지금, 이들의 삶과 사상은 타인의 고통에 공감하는 성향이 어떤 의미인지, 이런 성향으로부터 무엇을 할 수 있는지 보여 준다.

아버지의 서재에서 만난 세계

밥은 그릇에 차지 않았으며, 반찬은 새우젓 약간과 한 접시의 나박김치가 놓여 있었고 또한 토호갱土瓠羹이 있었는데, 반찬의 맛이 모두 짰다. ─중략─ 선생이 웃으며 말씀하셨다. "우리 집이 가난해서 반찬이

박하기 때문에 혹 손님의 입맛에 맞지 않는 경우가 있네. 어떤 이는 직접 반찬을 가져와서 먹기도 하였다네."

—《순암선생문집 順菴先生文集》 권16, 〈함장록 函丈錄〉

　　　　　　　　　　'부유한 유학자'라는 이미지는 잘 떠오르지 않지만 그렇다고 해서 조선의 이름난 유학자들이 모두 가난하게 살았던 것은 아니다. 예를 들어 퇴계는 초년에는 궁했지만 결혼을 통해 분배받은 재산을 잘 관리해서 후에는 상당한 수의 노비와 전답을 보유하게 되었다. 퇴계 역시 늘 절검을 강조했지만 퇴계가 말하는 절검이 절실한 생존의 문제가 아니었음은 분명하다. 이에 비해 18세기 유학자 성호 이익星湖 李瀷, 1681~1763에게 가난은 일상적인 삶의 조건이었다. 위의 문장은 그의 제자였던 순암 안정복順菴 安鼎福, 1712~1791이 스승과의 첫 대면을 기록한 것이다.

　안정복이 남긴 저 문장에서 우리는 성호가 가난을 부끄러워하지 않았다는 사실 외에도 반찬을 싸들고라도 성호를 찾아오는 다른 이들이 있었다는 사실을 알 수 있다. 성호의 검소한 생활을 비웃는 사람도 있었다고 하니 어쩌면 성호는 지나치게 검약한 생활을 했는지도 모른다. 그러나 관직을 포기하고 최소한의 땅에서 나는 소출을 아끼고 아껴 가며 집안 제사를 올리고 손님들을 맞이하는 가난의 결단으로 성호는 다른 중요한 것을 얻었음이 틀림없다. 관직에 나갔다면 얻었을 사회적 명예나 부 대신, 후대에까지 이어진 빛나는 학문적 업적과 뛰어난 제자들이 남았기 때문이다.

성호 이익은 1681년 아버지의 유배지였던 평안도 운산에서 태어났다. 성호의 아버지 이하진은 사헌부 대사헌 등 요직을 지낸 남인계 중진이었지만 숙종 때 남인들이 대거 축출당하게 된 경신환국의 여파로 성호가 태어나기 1년 전까지 평안도에 유배되어 있었다. 억울한 유배였지만 이하진은 복권될 기회를 얻지 못한 채 늘그막에 얻은 막내아들을 남겨 두고 다음 해 세상을 떠난다. 남편이 세상을 떠나자 이익의 어머니는 선영이 있는 안산 첨성리로 돌아와 정착했다. 이후 성호도 죽을 때까지 이곳을 떠나지 않았다. 어머니가 살아 계실 때는 그럭저럭 생계를 꾸렸지만 서른다섯 살이던 1715년에 어머니가 돌아가시자 노비를 모두 종가로 돌려보내고 최소한의 살림으로 가난하게 살았다. 성호는 83세로 죽을 때까지 성호星湖라는 호수가 있던 안산의 첨성리에서 학문에 전념하며 지냈다.

아버지를 대신해서 성호를 가르친 것은 이복형들이었다. 스무 살 넘게 차이 나는 둘째 형 섬계 이잠과 셋째 형 옥동 이서가 성호에게는 아버지였고 스승이었다. 그러나 병약했던 성호를 시대를 대표하는 대학자로 만든 힘은 다른 곳에도 있었다. 아버지의 책들이었다. 부친 이하진은 숙종 4년1678년에 왕명에 따라 북경으로 향하는 연행에 파견되었는데 돌아올 때 청나라 황제의 은사금으로 수천 권의 책을 사 왔다. 이 책들은 성호에게 새로운 시야를 열어 주었다. 아버지가 사 온 책 가운데는 당시 중국에 들어와 있던 서양 선교사들이 중국어로 저술한 서적들이 들어 있었는데, 성호는 이 책을 바탕으로 다양한 서양 학술을 객관적으로 연구할 수 있었다.

성호학을 열다

============== 성호가 새로운 시야를 열고 독
자적인 학풍을 형성하기까지의 과정이 순탄했을 리 없다. 한때 번
창했던 여주 이 씨 가문이 몰락하던 때에 태어난 성호의 불운은 장
성해서도 그다지 바뀌지 않았다. 스물다섯 살이 되던 1705년에 과
거 시험을 보았지만 이름을 잘못 기재했다는 이유로 2차 시험인
회시會試의 응시 자격을 잃었다. 이 일로 성호는 완전히 과거의 뜻
을 접을 수밖에 없었다. 당쟁으로 혼탁해진 정국에서, 몰락한 남인
이라는 그의 배경은 족쇄와도 같았을 것이다. 결정적으로 그를 좌
절시킨 사건은 다음 해에 일어난다.

이듬해 스승이자 부모였던 형 이잠이 당쟁의 여파로 억울하게
죽었기 때문이다. 정권을 잡고 전횡하던 노론에 대한 울분으로 방랑
하던 이잠은 장희빈이 낳은 왕세자 즉 훗날의 경종을 모해하려는 자
를 제거하라는 상소를 올렸다. 사실 이는 집권 세력인 노론에 대한
비판을 의미하는 것이었다. 관직도 없는 재야의 선비였음에도 이잠
은 이 일로 인해 무려 18번의 문초를 받았고 결국 매를 맞아 죽었다.

당쟁의 여파로 아버지에 이어 형까지 억울하게 세상을 뜨자 성
호는 관직에 나가려는 생각을 완전히 접었다. 얽히고설킨 정치적
계파들이 실권을 차지하기 위해 합종연횡하며 다투는 상황에서 벌
어진 아버지와 형의 죽음이 그에게 얼마나 큰 한을 남겼을지 짐작

할 만하다. 그러나 그는 세상에 대한 불만으로 스스로를 망치지 않았다. 대신 그는 삶의 방향을 바꾸어 자신의 집 성호장星湖莊에 정착했고, 오직 자신만의 학문을 구축하는 데 온 힘을 쏟았다. 선인들의 학문을 참고하되, 스스로 깨달아 나가는 이른바 '자득自得'을 강조했던 그의 학술은 집안의 자제들뿐 아니라 멀리서 배우고자 찾아온 제자들과 공유하고 발전시킬 만큼 크고 넓었다.

그리하여 이병휴, 윤동규, 안정복, 신후담 등 성호에게 배운 제자들은 성호학파로 불릴 수 있는 하나의 학풍을 형성했다. 성호보다 두 세대 아래인 다산 정약용 역시 성호의 학맥에 연결되어 있다. 가난과 병은 평생 그를 떠나지 않았지만 현세의 부와 명예와 바꾼 학문적 성취와 뛰어난 제자들은 '성호 이익'이라는 이름을 미래에까지 연결해 놓은 토대가 되었다.

고통을 감지하는 유학자

———————— 성호는 사회적 실천의 경로가 막힌 재야의 독서인 신분이었지만, 올바른 가치와 도덕성이 구현되는 유가적 세계를 구상하며 각종 제도의 틀을 내놓음으로써 조선 후기의 실용적 학풍에서 중요한 축을 형성한 큰 유학자였다. 성호는 퇴계로부터 이어진 전통적 경학經學에 토대를 두었지만 당시 조선의 다른 지식인들과 비교할 때 놀라운 열정과 개방성으로 서

양의 학술을 객관적으로 사유하고자 노력했다. 서학서를 먼저 읽은 성호는 제자들에게 서학서를 권하기도 했고 자신의 학술에 중요한 자원으로 활용하기도 했다.

그러나 무엇보다 성호가 관심을 기울인 부분은 당시 조선의 사회적 문제에 대한 실질적인 제도 개혁안이었다. 성호의 이런 학문적 지향과 실천에는 여타의 학자들과 다른 토대가 있다. 그것은 소외된 이들에 대한 시선이다.

> 내가 30년 전 어느 저문 날에 서울 거리를 지나는데 매우 추운 날씨였다. 어떤 장님 걸인이 옷은 떨어졌고 배는 고프지만 집에 있을 수 없어서 남의 집 문밖에 앉아 울면서 하늘에 하소연하기를, "죽여 주시기 원합니다. 죽기를 원합니다"라고 하니 그 뜻이 참으로 죽고 싶지만, 그대로 안 되는 것이었다. 지금도 내가 잊히지 않아, 생각하면 눈물이 쏟아질 정도이다.
>
> ─ 《성호사설 星湖僿說 》《인사문 人事門》, 〈개자 丐者 〉

학문적으로 볼 때 성호는 사물을 세심하게 관찰하고 그 원인과 배경을 날카롭게 분석하는 학자였다. 그러나 그 날카로움의 배경에는 학술적인 엄밀함과는 다른 능력이 작동한다. 그것은 바로 약자의 고통을 외면하지 못하는 공감의 능력이다. 성호는 당시 조선에서는 흔한 풍경이었을, 걸인의 고통을 그냥 지나치지 못하고 마음에 깊이 새기며 '눈물이 쏟아질 정도'였다고 술회한다. 애민愛民

즉 백성에 대한 사랑은 유학자들의 공통적인 구호였지만 사실 성호만큼 백성의 고통스러운 상황을 가까이 기록하고 안타까워한 유학자는 드물다.

그가 공감하고 연민하는 대상은 인간만이 아니었다. 그의 저술 《성호사설》에서 성호는 참으로 다양한 존재들과 상황들에 대해 안타까워한다. 예를 들면 제대로 먹지 못해 추위에 벌벌 떠는 병아리의 처지를 안타까워하며 그것이 굶주리거나 추위에 떨지 않게 할 방법을 생각하기도 하고, 고양이가 도둑질을 하게 된 것은 필시 먹을 것이 없었기 때문이라며 고양이의 상황을 헤아리기도 한다. 심지어 육식을 하는 인간들의 탐욕을 비판하기도 한다. 닭이나 개를 보고 입맛을 다시며 짐승을 잡아먹을 생각을 한다면 그것은 이른바 약육강식이니 짐승의 도라며 신랄하게 비판하는 것이다.

성호는 '백성들은 나의 동포요 만물은 나와 함께하는 것이다. 초목은 지각이 없어 혈육을 가진 것들과 차이가 있으니 그것들을 취해서 생활을 도모할 수 있지만 금수의 경우는 삶을 원하고 죽음을 싫어하는 것이 사람들과 같은데 어찌 차마 잔혹하게 해칠 수 있겠는가'−《성호사설》〈인사문〉, 〈식육食肉〉라며 인간과 마찬가지로 지각능력을 가진, 그리하여 고통을 느끼는 동물의 처지를 깊이 연민한다.

사실 성호가 추위에 떠는 병아리, 살고자 하는 짐승의 처지를 연민하는 것은 그로부터 백성들의 삶 그리고 백성에 대한 위정자의 책무 등을 떠올리기 때문일 것이다. 버려지고 학대받는 동물들은, 위정자라면 백성들을 아끼고 사랑해야 한다는 전통적인 유가적 관념에서 일종의 상징적 존재들일 것이다. 그러나 성호의 태도는 애민이라는 유가적 관념의 일반적 표현과는 다르다. 성호는 추상적인 관념으로 정치와 백성, 국가와 백성의 관계를 생각하는 것이 아니라 그들을 대면하고 그들의 고통에 공감하기 때문이다.

집안이 대대로 겪은 비극의 목격자이자 몰락한 집안의 가장으로서 성호는 날카로운 눈으로 당시 사회의 제도적 모순들을 간파했고 사회적 약자들이 그 모순의 직접적인 피해자임을 지적한다. 성호는 모든 존재에 공평하게 삶의 권리를 보장하고 삶을 부정하는 힘을 덜어내 주고자 한다. 성호는 이 공감의 범위를 당시 조선 사회의 타자들에게로 넓힌다. 그는 거지가 되어 떠돌아다니는 유랑민, 전염병에 걸려 마을 밖에서 죽은 사람, 굶주림과 추위에 몰려 도둑질을 하게 된 도둑을 생각하며 그들의 고통에 음식을 먹을 수 없을 정도라고 말한다. 사회적 불균형과 불합리한 구조가 한쪽에 편중되어 나타날 때 사람들은 삶의 터전을 잃고 길 밖을 떠돌게 된다. 성호는 이런 이들에게 눈을 돌렸던 것이다.

사회의 구조적 불균형으로 인한 무게에 가장 무겁게 짓눌리는 이들이 또 있다. 조선 사회의 최하층이라고 할 수 있는 노비들이다. 당시 조선에서는 아버지의 신분과 관계없이 어머니의 신분에 따라 자식의 신분이 정해졌기 때문에 한번 노비로 태어나면 대대로 노비로 살아야 했다. 성호는 대대로 고통의 고리가 이어지는 노비의 신세를 안타까워했으며 심지어 충직했던 자신의 노비가 죽자 그를 위해 손수 제문을 써 주기도 한다. 성호는 사람들이 자신의 행동을 비웃을 테지만 자신은 사람의 도리를 할 뿐이라며 아무도 돌아보지 않은 종의 죽음을 제문으로 위로한 것이다.

성호가 특히 노비의 처지를 안타깝게 여겼던 것은 이들이 조선 사회의 제도적, 구조적 모순이 편중되어 있는 사회적 약자들이기 때문이다. 노비들은 일단 세습된다는 점에서 다른 이보다 훨씬 고통스러운 상황에 놓여 있다. 그뿐이 아니다. 사문私門에 소속된 노비들은 언제나 가장 낮은 자리에서 가장 많은 노동과 불합리한 폭력에 시달려야 한다. 사실 노비건 유민이건 조선 사회의 약자들은 한 개인의 착취 때문이 아니라 사회의 구조적 불균형 때문에 고통받는 것이다.

이 불균형의 압력이 한쪽에 가중될 경우 사회 전체에도 위협이 될 수 있다. 누군가를 타자화하고 사회 구석으로 몰아갈수록 사회 전체의 불안요소가 커지기 때문이다. 이런 상황에서 성호는 사회의 약자들이 반기를 들고 달려들까 경계하기보다는 그들의 처지를 안타까워하며 실질적으로 구제할 방법을 찾고자 한다.

안타까운 얼굴로 돌아보라

성호는 화폐가 시장을 활성화시키며 경제 구조를 바꾸어 나가던 조선 후기의 사회경제적 변동기를 살았던 학자였다. 그는 이러한 상황에서 사회적 모순과 불안

정을 조정할 대안을 구상한다. 예를 들어 성호는 노비의 세습 제도
를 비판한다. 노비 제도 자체를 없앨 수는 없지만 적어도 매매와 세
습을 금지함으로써 최하층의 위치에서 벗어날 수 있도록 하자는 것
이다. 매매와 세습이 사회 불평등의 구조를 고착시키기 때문이다.

성호는 양반 첩의 자손인 서얼의 사회 진출을 제한하고 차별하
는 서얼금고법庶孼禁錮法에 대해서도 부정적이었다. 성호는 서얼이
라는 이유로 차별해서는 안 되며 능력에 맞는 기회를 주어야 한다
고 주장한다. 노비건 서얼이건 사회적 약자에게 기회를 주어야 하
는 가장 근본적인 이유는 고통으로부터 그들을 구제하는 것이 부
모 된 이의 본분이기 때문이다. 성호는 '만약 어찌할 수 없다 하여
버려 둔다면 백성의 부모 된 도리가 아니다. 자식이 구렁에 빠져
죽는데 그를 구하려 하지 않는 자가 있겠는가?'—《성호사설》《인사문》,〈공
사천公私賤〉라고 말하며 위정자의 책무를 환기시킨다.

이처럼 고통받고 소외된 이들에 대한 성호의 공감은 단순한 개
인적 감정의 문제가 아니라 사회 제도 개선을 위한 비판의 단초 역
할을 한다. 그의 연민과 공감은 항상 사회적 '모순'과 이를 극복하
기 위한 제도적 대안으로 연결되어 있다. 성호가 생각하는 개혁은
한 개인이나 가문 같은 작은 규모가 아니라 국가 전체를 대상으로
하는 제도 개혁안의 성격을 갖는다. 특히 성호가 제시한 제도 개혁
안의 특징은 사유화된 영역을 공적으로 되돌리는 것이다. 이 가운
데 대표적인 것이 토지 제도다.

성호는 전란 이후 소수의 양반이 대토지를 소유함으로써 부富

의 편중이 급격히 확산되어 가던 시대를 살았다. 이런 위기 상황에서 그가 제안하는 방법은 일부 부자들에 의한 토지의 독점을 막고 실제 노동을 통해 땅을 경작할 사람들에게 균형 있게 배분하자는 균전均田적 의미의 개혁론이었다. 성호는 필요한 토지의 수량을 계산해 가구마다 매매를 허용하지 않는 이른바 영업전永業田을 두고, 나머지 토지에 대해서는 매매를 허용함으로써 자연스러운 토지 매매를 유도하여 토지의 집중을 해소하고자 했다. 이 경우 국가가 개인의 사적 소유와 매매에 대해서는 직접 관여하지 않지만 영업전이라는 하한선을 통해 간접적으로 감독 통제할 수 있다.

조선에서 토지는 가장 중요한 경제적 자원이었다. 땅이 있다면 사람은 필요한 재화를 생산할 수 있기 때문이다. 문제는 이 생산을 놀고먹는 사람들이 빼앗아 가는 것이다. 백성들이 가난한 것은 직접 재화를 생산하지 않는 사람들이 과도한 수탈을 통해 재화를 마구 써 버리기 때문이다.

이런 맥락에서 성호는 상층부의 과도한 수탈을 비판했다. 여기서 흥미로운 것은 성호가 과도한 수탈이 일어나는 원인을 사회의 사치 풍조라고 생각한 것이다. 성호는 수탈이 발생하는 원인이 남의 눈치를 보며 비교하는 세속의 풍조와 그로부터 발생하는 사치 때문이라고 생각했다. 그리고 이 사치를 더욱 조장하는 구조가 있다. 바로 동전과 같은 화폐의 유통이다. 동전이 돌면 그만큼 쉽게 돈을 쓸 수 있고 또 쌓아 놓기도 쉬워진다. 화폐의 축재는 결국 사치와 부의 편중으로 이어질 것이다. 이 때문에 성호는 화폐를 폐지

해야 한다고 주장했고 같은 이유로 시장도 반대한다.

근대 사회로의 전환에 결정적인 역할을 하는 화폐나 시장을 부정하는 성호의 입장은 지금의 관점에서 전근대적인 낡은 생각으로 보인다. 그러나 화폐와 시장에 대한 성호의 발상은 사실 백성들의 생존권을 확보하기 위한 것이었다. 성호에 따르면, 화폐는 유통을 활성화시키고 재화가 이동하면 그만큼 사치에 대한 사람들의 욕심도 증가한다. 결국 화폐는 물욕을 발생시켜 불필요한 재화를 늘리고 수탈을 강화하며, 결과적으로 부의 축적과 편중을 용이하게 한다. 이런 상황에서 농사짓던 토지를 빼앗기고 떠도는 농민들이 점점 늘어가는 것은 자연스러운 현상이 된다. 물론 화폐나 시장이 부의 편중이나 수탈의 근본적인 원인이라고 할 수는 없을 것이다. 그럼에도 성호는 시장과 화폐를 반대함으로써 양반들의 사치가 수탈을 만들고 수탈이 결국 백성들의 생존권을 박탈하는 악순환의 구조를 지적하고자 했던 것이다.

위로부터의 개혁, 아래로부터의 회복

이런 맥락에서 볼 때 성호의 제도 개혁론은 국가의 부국강병이라는 거시적인 목표보다 먼저 고통받는 약자를 구제하기 위한 것이라고 볼 수 있다. 성호는 가장 낮은 위치에 있던 약자들의 입장에서부터 그들의 고통을 헤아리는 한 방법으로 제도 개혁론을 제안했던 것이다.

사회 진출이 제한된 위치에서 어려운 형편 속에 가문과 학문을 지키고자 노력했던 성호였지만 사실 그에게는 그 노력을 현실화시킬 힘이 없었다. 정치적 변화를 주도하는 권력의 중심이 아니라 면 외곽의 주변적인 삶을 살았기 때문이다. 그 자신 중심이 아닌 주변에, 주류가 아닌 외부에 머물면서도 성호는 자신보다 더 많이 밀려난 존재들의 고통을 외면하지 않았다. 성호가 목격한 거지, 유랑민, 서얼, 노비 들은 조선의 타자들이었고 이방인들이었다. 이들의 존재는 조선의 현실을 상기시키고 백성을 사랑하는 정치를 해야 한다는 유가적 이념이 현실에서 어떻게 훼손되었는지를 확인시킨다. 다른 양반들은 이 훼손을 보고도 무시했지만 진정성 있는 유학자로서 성호는 이를 간과하거나 무시하지 않았던 것이다.

성호는 서얼, 노비, 거지, 유랑민의 고통을 통감하며 제도가 이들이 자립할 수 있는 최소한의 기반을 제공하는 토대여야 한다고 주장했다. 성호는 별도로 '정의'에 해당하는 글을 남기지 않았지만 지금 우리의 관점에서 그가 고통에 공감하는 방식은 일종의 '정의'의 구상이라고 볼 수도 있을 것이다. 성호가 그러했듯 타인의 고통에 공감하는 능력을 확대할 수 있다면 결국 사회의 불균형과 불평등이 해소될 수 있을 것이기 때문이다. 그런 맥락에서 성호가 제안하는 갖가지 사회 개혁론은 보편적 배려의 구상이자 정의의 실현을 위한 토대 작업과도 같을 것이다. 가난한 재야의 선비로 살았던 성호의 삶과 사유는 배려와 정의가 타인의 고통에 대한 공감에서 출발한다는 사실과, 바로 그 지점에서 우리가 실패하고 있다는 사실을 함께 보여 준다.

서양에도 성호처럼 타인의 고통과 그에 대한 공감으로부터 출발하는 철학자가 있다. 그 자신 고통받았고, 그리하여 고통받는 타인을 철학의 중심으로 전환시킨 20세기 프랑스 철학자, 엠마누엘 레비나스다.

네 문화의 철학자

어떤 종파나 민족에 속한 수많은 사람들의 이웃이었던, 국가사회주의에 의해 학살된 600만 명의 사람들 중 가장 가까웠던 이들을 기억하며, 다른 사람에 대한 증오와 똑같은 반유대주의적 증오의 희생자들을 기억하며.

───────── 프랑스에서 활동한 유대계 철학자 엠마누엘 레비나스Emmanuel Levinas, 1906~1995는 《존재와 다르게: 본질의 저편》이라는 자신의 저서 머리말에 위와 같은 문장을 남겨 놓았다. 나치의 유대인 학살이라는 세계사적 비극의 희생자들을 깊이 추모하는 저 문장 하나만으로도 이 철학자의 삶을 짐작할 수 있을 듯하다.

1906년 리투아니아 카우나스에서 서점을 경영하던 유복하고 개방적인 유대계 러시아인의 장남으로 태어나 전통적인 유대식 교육을 받던 레비나스는 열일곱 살 때인 1923년 프랑스의 알자스 지방 스트라스부르로 이주함으로써 새로운 정체성을 만들어 가기 시작한다. 러시아 문화에서 성장한 유대인의 정체성 위에 프랑스 문화가 덧입혀진 것이다.

그의 사상적 경향을 결정한 또 다른 정체성은 '철학'이라는 그의 전공에서 결정되었다. 스트라스부르에서 철학을 전공하던 그는 1928년부터 2년간 독일에 건너가 당시 현상학의 거장이었던 후설과 하이데거의 세미나에 참여한 뒤, 독일 현상학을 중요한 학문의 지향으로 삼게 되었다. 그는 결국 프랑스로 돌아와 1930년에 후설의 현상학을 다룬 논문으로 학위를 받았고 다음 해엔 프랑스 국적도 취득했다.

그로부터 10여 년 후에 레비나스는 그의 삶에 중요한 전기가 될 사건을 겪는다. 2차 세계대전이 일어나자 레비나스는 1939년 러시아어와 독일어 통역관으로 전쟁에 참전하게 된다. 그러나 다음 해에 독일군의 포로가 되었고 그곳에 5년이나 갇혀 있으면서 벌목 등 강제 노역에 동원되었다. 보통 레비나스가 유대인 포로수용소에서 가스실을 경험한 것처럼 알려져 있지만 이는 사실이 아니다. 그는 가스실이 있는 유대인 수용소가 아니라 다른 프랑스인들과 함께 전쟁 포로수용소에 갇혀 있었기 때문이다.

레비나스가 풀려난 것은 미국이 수용소를 점령하고 포로들을 석방시킨 후였다. 그는 집에 돌아와서 수도원에 피신해 있던 아내와

딸을 만난다. 그러나 가족과의 재회는 그것으로 끝이었다. 리투아니아에 있던 부모와 형제들이 모두 나치에 의해 학살당했다는 비극적인 소식을 전해 들었던 것이다. 머리말에 남긴 저 문장은 이때의 레비나스가 겪은 개인적인 체험에서 나온 것이다. 그 이후로 그는 평생 '살아남은 자'의 고통을 안고 살아야 했다. 전쟁 후 레비나스는 독일 땅에 발을 들이지 않겠다고 맹세했고 평생 이를 지켰다.

이후 레비나스는 파리의 유대인 학교인 동방 이스라엘 사범학교Ecole Normale Israelite Oriental의 교장으로 재직하면서 탈무드를 강의했다. 그는 쉰이 넘은 1961년에야 《전체성과 무한》으로 교수 자격을 주는 국가박사학위를 취득한 뒤 푸아띠에Poitiers 대학의 교수가 되었다. 그 후 1967년부터 파리 제10대학에서, 1973년부터 파리 제4대학에서 교수 생활을 하다 1976년에 은퇴한 뒤 1995년 세상을 떠날 때까지 저술에 전념했다. 레비나스는 비교적 오랫동안 무명이었지만 점차 그의 학문적 중요성이 알려지기 시작했고 현재는 가장 중요한 현대 철학자 중의 한 사람으로 인정받는다.

그는 보통 네 문화의 철학자로 불린다. 러시아, 유대, 프랑스, 독일의 문화와 철학을 경험하며 사방으로 난 길의 가운데서 다양한 사상들을 종합한 독특한 사유를 보여 주었기 때문이다. 그의 철학은 보통 전통적인 서구 형이상학에 대한 비판적 사유, 모든 것을 자기 자신으로 수렴하는 동일자로서의 나 혹은 주체 중심의 철학이 아니라 타자로부터 출발하는 타자성의 철학이라는 평가를 받는다. 그러나 이런 평가보다 우선되어야 할 것이 있다. 레비나스가 어떤 철학자보다 더 깊이 그리고 더 절실하게 '타인의 고통'을 문제 삼은 철학자라는 사실이다. 그의 철학은 '고통' 자체의 규명이나 해소를 목표로 하고 있지 않지만 거의 모든 철학적 문맥의 배후에는 고통받는 존재로서의 인간이, 그리고 그 고통으로부터 자신에게 책임을 환기시키는 타인이 자리하고 있다.

나치의 학살에 희생된 가족, 직접 겪은 포로 생활 등 누구보다도 강렬하게 전체주의의 비극을 경험한 레비나스가 전체주의의 문제점과 극복의 방향을 철학에서 찾고자 했던 것은 자연스러운 행보였을 것이다. 그가 중요한 것은 비판과 극복의 출발점을, 중심으로서의 '나'에 의해 밀려나고 부정되는 '타자'에서 찾았다는 사실이다.

절대적 다름으로서 타자

레비나스에 따르면 서양 철학은 '동일자를 중심으로 독단화된 체계'에 불과하다. 나와 다른 타자, 하나의 단일성이나 통일성에 흡수되지 않는 타자가 아닌, 통일성을 가진 것으로 여겨지는 자아를 우리는 주체 혹은 자아동일성이라고 부른다. 서양 철학은 이 주체를 이성이 보증해 준다고 믿었고, 타자는 그가 이성을 가지고 있는지 확인할 길이 없기 때문에 언제나 위험하고 모호한 존재로 여겨 왔다.

주체와 타자는 언제나 상대적이어서, 이성에게 감성이 타자였고 남성에게 여성이 타자였으며 백인에게 유색인종들이 타자였다. 레비나스는 전통적인 서양 철학이 이 주체를 앞세우면서 타자를 배제하거나 폭력적으로 자아동일성 안에 흡수하려는 일종의 전체주의적 경향을 띠고 있음을 비판한다.

전통적으로 자아는 세계를 자기중심적으로 파악하면서 스스로를 이성을 가진 주체라고 부른다. 주체는 자기 안에 흡수되지 않는 이질적인 것들을 모두 타자로 분류하면서 배제해 나간다. 이때 타자란 주체에 의해 포섭되거나 파악되는 대상화된 존재일 뿐이다. 주체의 역할은 이성의 보증을 통해 모든 것을 자기 안으로 수렴하고 스스로를 확장하려 한다는 것이다. 레비나스는 이 전통적인 주체-자아동일성의 관념에서 세계를 전쟁의 고통 속에 몰아넣고 가족을 몰살했으며 자신을 포로수용소에 가둔 전체주의의 환영을 본다.

레비나스는 이 전체주의를 낳은 것이 보편주의의 주관성이라고 생각한다. 전통 철학에서 보편성은 인식하는 주관에 선험적으로 내재하는 것으로 여겨졌다. 다시 말해 주관은 선험적으로 자신에게 내재해 있는 보편성의 형식에 따라 세계를 질서 짓고 구분한다는 의미다. 그러나 사실 이때의 보편성은 주관이 표상한 세계의 관념에 불과하다. 실제 세계에는 보편성으로 환원될 수 없는 무수한 차이와 타자가 존재하기 때문이다. 이런 맥락에서 레비나스는 차이와 타자가 사라진 그런 보편성은 존재하지 않는다고 생각한다.

그러나 자기와 다른 것을 받아들일 수 없는 주관은 보편성이 존재한다고 믿고 차이와 타자를 수렴해 자신이 표상한, 즉 자신이

성호 이익과 레비나스

상상으로 전제한 보편성 안에 통일시키고자 한다. 이때 인식은 내면에서 세계를 분할하고 통제, 지배하면서 자아 밖의 세계를 내부로 환원하고 통합하고자 한다. 이런 구도에서 정형화되거나 보편화될 수 없는 '차이'들은 통일성을 원하는 자아의 인식과 향유의 대상으로 전락하게 된다. 타자와 그가 가진 차이 역시 주체에 의해 통합되고 분할되는 수동적인 존재에 불과한 것이다. 결과적으로 보편성을 상상하는 주체, 자기와 같은 것만을 인정하려는 자아동일성의 추구는 주체 밖의, 자아동일성 외부의 타자에 대한 일종의 폭력과 파괴가 될 수 있다.

이 맥락에서 레비나스는 철학의 중심을 주체나 자아동일성, 보편주의가 아니라 타자로 옮기고자 한다. 그는 철학의 중심을 형이상학에서 윤리학으로 바꾸고자 했고, 이 윤리학의 중심을 나로 수렴하거나 흡수할 수 없는 절대적인 존재로서의 타자로 세우고자 했다. 레비나스에 따르면 제1철학은 전통적인 철학의 중심 존재론이 아니라 윤리학이 되어야 한다. 이때 윤리란 단순히 행동지침으로서의 윤리가 아니라, 삶의 근거, 바탕, 구조를 의미한다. 이 윤리의 중심에 타자가 있다.

레비나스가 말하는 타자는 내가 향유할 수 없는 절대적인 다름을 의미한다. 다시 말해 타자란 나에 의해 통합되지 않고 통제되지 않는, 대상을 자르고 통제하는 '인식'의 대상이 될 수 없는 절대적인 다름이다. 내가 어찌할 수 없는 절대적인 다름이라는 점에서 타자는 결국 신과 유사하다. 신 역시 나의 인식이 통제하거나 통합할 수 없는 무한히 절대적으로 다른 타자이기 때문이다. 그래서 레비나스는 나에 대한 타자의 영향력을 일종의 신비라고 말한다.

계시로 다가오는 타인의 얼굴

레비나스는 《시간과 타자》에서 나의 존재에 대한 타자의 영향력이 '신비스럽다'고 말한다. 타자는 나에게 인식될 수 없으며, 또 그것을 비추는 어떠한 빛에도 저항하고 있기 때문이다. 이런 맥락에서 타자는 단순히 나와 함께 공동체를 이루는 다른 자아가 아니다. 타자와 나의 관계는 낭만적이며 목가적인 조화로운 관계가 아니며, 그의 입장에서 나를 바라볼 때 생기는 공감의 관계도 아니다. 레비나스는 타자와의 관계가 언제나 나의 '밖'에 존재한다는 점에서 외재적이며, 그리하여 내가 그와 맺는 관계는 하나의 신비와 맺는 관계와 같다고 말한다.

이런 차원에서 그의 철학적 과제는 주체에 환원되어 있던 타자를 있는 그대로 그 자리에 돌려 놓는 일이 된다. 특히 윤리학은 그 타자에 대한 나의 책임을 환기시키는 철학적 틀이다. 이때 레비나스는 그 신과 같은 절대적인 다름을 타인, 그것도 고통을 호소하는 타인의 얼굴에서 확인한다. 왜 하필이면 타인의 '얼굴'인가.

우리는 일상생활에서 쉽게 고통받는 타인을 경험한다. 그중에서도 가장 강렬하면서 동시에 나를 무기력하게 만드는 때는 고통받는 타인의 얼굴을 목도하는 경우다. 고통스러운 누군가의 얼굴은 다친 사람이 있다는 소식, 피해자의 어렴풋한 형상, 혹은 상처가 난 신체 부위보다 훨씬 더 근본적으로 나에게 문제 상황을 환기시킨다. 상처 부위나 어렴풋한 형상이 아니라 고통스러워하는 타인의 얼굴을 보는 순간, 나는 결코 그 영향력에서 벗어날 수 없는 것이다.

이런 맥락에서 레비나스는 고통받는 타인의 얼굴에 무한성이나 절대적인 초월처럼 신에게나 어울릴 듯한 관념을 부여한다. 레비나스가 타자의 얼굴에 절대적인 다름, 초월 같은 관념을 부여함으로써 말하려는 것은 타자가 결코 인식 안에 개념화될 수 없다는 사실을 인정하라는 것이다. 타인의 얼굴은 우리가 타자의 '있는 그대로의 현실'을 받아들여야 한다는 사실과, 이 현실이 결코 풀리지 않는 수수께끼와 같이 해결되지 않는다는 사실을 인정하게 만든다.

내 앞에 나타난 타인의 얼굴은 나에게 모종의 책임을 끝없이 환기시킨다. 세계를 호령하는 주인의 위치에 있더라도 고통스러워하는 노예의 얼굴이 주는 영향과 그로 인한 책임을 피할 수 없는 것이다. 무엇보다 고통받는 타인의 얼굴은 나에게 피할 수 없는 절대적 경험으로 다가온다. 그래서 이 경험은 단순히 무엇인가 감추어져 있던 것이 그대로 드러나는 폭로devoilement가 아니라 신에 의한 계시revelation와 같다.

이 계시 앞에서 나는 무엇을 해야 하는가. 나는 오직 이 고통 앞에서 타인의 고통을 떠맡음으로써만 주체가 된다. 여기에서 고통을 호소하는 타인의 얼굴은 나를 윤리적 주체로 소환하는 역할을 한다. 레비나스에게 주체란 이성을 가진, 그리하여 타자를 보편성 안에 통제하고 구획할 권리를 가진 존재가 아니라 도리어 '상처받을 가능성', '외상에 노출되어 있음', 혹은 타자를 위한 '인질'이 된다. 타인의 얼굴이 주는 무한성 앞에서 우리는 그저 인질에 불과하다.

타자 그리고 정의

레비나스는 윤리적 의미에서 진정한 주체는 절대적으로 다른 타인에 대해 수동적으로 열려 있고, 타인의 고통에 책임을 느끼는 존재라고 말한다. 다시 말해 타자에 대한 윤리적 책임이 곧 주체성의 토대가 되는 것이다. 윤리적 관계 이전에 주체가 먼저 존재하는 것이 아니라 타자를 책임지고 그에게 자리를 내줌으로써 비로소 나는 주체가 될 수 있다.

주체는 타인의 고통과 잘못을 짊어짐으로써 이 세계를 지탱하는 존재다. 따라서 타인의 고통은 윤리가 발생하는 토대가 된다. 이 맥락에서 레비나스의 윤리학은 주체의 윤리적 실천을 위한 학문적 기획이 아니라 '고통'과 그 고통에 전염됨으로써 책임을 떠맡는 고통의 윤리학이 된다. 레비나스는 주체성을 존재론적이거나 인식론적 개념이 아니라 윤리적 개념으로 바꾸고 존재론이 아니라 윤리학을 제1철학으로 내세운다. 레비나스의 체계에서 고통을 매개로 타자와 연결된 인간 조건을 탐구하는 것이 진정한 존재론이자 윤리학인 것이다.

레비나스는 개인적 비극을 통해 인간의 조건을 통찰했고, 스스로 고통받은 자로서 고통받는 타인에 대한 관심을 바탕으로 한 윤리적 결단을 촉구했다. 그 결과 그는 고통받는 타인에 대한 책임을 철학의 효과가 아니라 철학의 중심 문제로 전환한다. 타인에 대한 나의 책임을 내 앞에 끌고 오는 힘은 다른 데 있지 않다. 고통에 공감하는 나의 감수성에 있을 뿐이다.

레비나스는 윤리를 모든 의식이 작동하기 이전에, 감수성 sensibilite에 먼저 개입하는 것으로 이해한다. 타자는 눈앞에서 내 감수성에 개입하고 뒤흔든다. 이 힘 때문에 타자와 나의 관계는 언제나 비대칭적이며, 얼굴로 다가오는 타자 앞에서 나는 나의 고유성이나 형식적 정합성을 주장할 수 없게 된다. 레비나스의 이런 발상은 우물에 빠진 아이를 구하는 상황을 예시로 삼았던 맹자의 도덕 감정 이해와 닮아 있고 병아리와 고양이, 거지와 유랑민을 대면하는 성호의 태도와 닮아 있다.

레비나스는 사회는 진리에 대한 관조로부터 흘러나오는 것이 아니라고 말한다. 레비나스에 따르면 차라리 우리의 스승인 타인과의 관계가 진리를 가능하게 하는 조건이 된다. 따라서 레비나스에게서 진리는 사회적 관계에 연결된다. 정의는 타인과의 관계에서 나온다. 이 맥락에서 레비나스는 타인에 대한 책임을 정의의 차원에서 이해하고자 한다. 내가 책임져야 할 타인의 부름에 응답하는 것이 정의의 토대가 된다. 레비나스에게 정의는 타인의 호소에서 비롯된다.

따라서 정의란 주체가 낯선 자, 그리하여 약한 자를 자신의 영역 안에 받아들이고 돕는 행위 즉 환대가 된다. 타인의 개입은 나에게 윤리적 호소가 되고 이 윤리적 호소에 응답하는 것이 결국 정의를 실현하는 길이 된다. 레비나스에게 정의는 책임에서 온다. 이점은 성호가 약자를 돕고 사회적 안정과 형평성을 회복하고자 하는 논리와 닮아 있다. 이것이 우리 스스로 이방인이 되고 타자가 되며, 또 우리 안에 들어온 이방인과 타자를 대우해야 하는 이 다문화의 시대, 세계화의 시대에 성호 이익과 레비나스를 다시 읽어야 하는 이유일 것이다.

고립과 단절을 넘어서

찰스 디킨스 소설 《크리스마스 캐럴》1843의 주인공 스크루지는 크리스마스 전날 밤 자신을 찾아온 유령들 덕에 자신의 삶이 얼마나 탐욕스러웠는지, 그리하여 얼마나 주변으로부터 고립되어 있었는지, 결국 얼마나 비참한지 깨닫게 된다. 부자이면서도 친조카에게까지 냉정한 스크루지의 삶은 지금의 관점에서 본다면 괴팍하고 차가운 지독한 구두쇠에 불과할지 모른다. 그러나 사실 시장 경제가 확대되어 가던 19세기 빅토리아 시대에서, 살아남기 위해 자신의 일에 근면하고 합리적으로 소비하려는 스크루지의 삶은 개인이 택할 수 있는 최선의 방식이었을 것이다.

즐거운 마음으로 퇴근하는 직원에게 "메리 크리스마스라고? 도대체 무슨 권리로 메리 크리스마스야! 무슨 이유로 메리 크리스마스냐고! 너는 아직도 가난뱅이잖아"라고 말하는 스크루지의 조소는 개인의 경제적 능력이 곧 사회적 합리성이라는 당시 중산층의 생각을 잘 드러낸다. 이 시대는 아직 약자에 대한 사회적 책임이나 공공복지를 위한 사회적 제도가 일반화되지 않았기 때문이다.

찰스 디킨스의 시대로부터 두 세기가 지났다. 이제 우리 사회에는 맹자와 루소는 물론, 성호와 레비나스의 통찰까지 일반적으로 받아들여진다. 사회적 약자에 대한 사회적, 국가적 제도들도 조금씩 더 확장되어 가고 있다. 그러나 지금 우리의 삶은 빅토리아 시대 영국과 얼마나 다른가? 오직 자기 것을 늘리고 자기 것을 지키기 위해 주변을 돌아보지 않는 스크루지의 삶과 얼마나 다른가?

18세기 계몽주의 사상가 루소는 "인간이 아무리 이기적이라고 할지라도 인간의 본성에는 연민과 동정의 원리가 존재한다. 이 원리들로 인해 우리는 인간의 운명에 관심을 가지게 되며 자기에게는 별 이익이 없어도 타인이 행복하기를 바란다. 타인의 비참함을 목격할 때 우리는 이러한 연민과 동정을 느낀다. 도덕적이거나 인간미가 풍부한 사람은 물론이고 무도한 폭한이나 사회의 법률을 극렬하게 위반하는 사람도 이러한 감정을 가지고 있다"《도덕감정론》애덤 스미

스 지음, 박세일 외 옮김, 비봉출판사, 2009 참조 고 말한다. 모든 인간에게 타인의
고통과 불행에 공감하는 능력이 있다는 말이다.

　과연 그럴까. 어쩌면 당연한 듯한 저 말에 우리는 왜 쉽게 동의
하지 못하는 것일까. 철학자들의 기대와 달리, 현재의 우리는 극단
적인 무관심과 단절의 폭력 속에서 살고 있다. 여성, 노인, 아동 등
약자 대상의 폭력, 이유 없이 타인을 공격하는 묻지마 범죄, 반복
적으로 살인을 일삼으면서도 일말의 죄책감을 느끼지 못하는 연쇄
살인범 같은 사이코패스형 범죄자들이 늘어나기 때문만은 아니다.
인간성을 상실한 잔혹한 범죄가 아니라도, 우리 주변의 크고 작은
범죄들과 사회적 갈등의 뿌리를 파 보면 궁극적으로 같은 원인을
발견하게 된다. 그것은 타인에 대한 무관심을 넘어 해악에 가까운
자기중심성이다.

　누군가 전기료가 든다며 택배 배달원에게 엘리베이터 대신 계
단을 이용하라는 결정을 내릴 때, 다급하게 다가오는 발소리를 들
으면서도 내가 바쁘다는 이유로 엘리베이터의 닫힘 버튼을 누를
때, 바로 뒤에 사람이 따라오는데도 문을 잡아 두지 않고 혼자만 빠
져나갈 때, 이 사소한 무관심 속에서 우리가 잊은 것 혹은 잃은 것
은 무엇인가. 이와 반대로, 모든 존재와 공감하는 나비족의 삶이 전
세계 수천만의 관객에게 반향을 일으킨 이유는 무엇인가. 각박한
경쟁을 통과하려면 어쩔 수 없이 개인이 생존의 단위여야 한다고
말하는 합리성의 시대에도 여전히 타인의 고통에 눈물 흘리고 자신
이 가진 것을 내주는 사람에게 깊은 감동을 받게 되는 것은 왜일까.

이 질문 앞에서 성호와 레비나스는 우리에게 타인이 나의 잉여가 아니라, 고통받는 타인들이 단지 나의 동정심을 자극하는 불쌍한 존재가 아니라, 나를 나이게 하는 또 다른 나라고 대답한다. 이 대답을 두고 나는 무관심과 자기중심성을 거두고 타자 앞에 나를 내려놓을 수 있을까. 물론 우리 중의 누군가는 성호나 레비나스가 제안하는 통찰과 관계없이 본성의 차원에서 이를 직감하고 있었을 것이다. 누군가 말하지 않아도, 알려 주지 않아도 타인의 고통을 외면하지 못하는 사람이 있을 것이다.

고통에 공감하는 능력이 꼭 필요한지, 어떤 의미가 있는지는 대답하기 어렵다. 타인에 공감하는 능력이 합리적이거나 효율적이지 않다고 생각하는 사람도 있을 것이다. 그럼에도 한 가지는 분명하다. 타인의 고통에 연결된 누군가의 공감과 그에 따른 실천이 없었다면 지금 우리의 삶은 지금보다 훨씬 차고 건조했으리라는 것. 자기에게 집중하는 능력을 가르치는 사회에서도 여전히, 효율이 아니라 공감에서 삶의 의미를 찾는 사람들이 있다는 것. 무엇보다 나에게도 언젠가는 반드시 고통이 찾아오며, 타인의 공감이 없다면 그 고통에서 헤어 나오기 어렵다는 것.

페트라르카와 주희

읽고 쓰는 삶 Chapter 7

읽고 쓰는 과정을 통해 옅은 효과가 보다 일찍, 보다 분명한 형태로 나타나기를 기대하는
사람이라면 엄밀히 말해 '읽고 쓰는 삶'이 아니라 '성공하는 삶'을 택한 것에 가깝다.
그러나 만약 누구든 이 시대가 권하는 읽기가 부박하다거나 쓰기가 빈약하다고 느끼는 사람이 있다면,
그것은 그 사람 안에 아마 '읽고 쓰는 삶'의 본성이 잠재되어 있기 때문일 것이다.
우리 시대가 요구하는 효율적인 삶은 아닐지라도.

성공을 위한 독서, 독서의 성공

———————— 책과 독서가 성숙하고 성공적
인 삶의 토대라는 생각이 상식이 된 시대에 살고 있다. 도서 시장
이 점점 쇠퇴하고 있다는 현실과 관계없이, 여전히 대통령이 읽은
책, 성공한 CEO가 권한 책, 명사가 전하는 추천서 리스트가 영향
력을 발휘하고 있다. 명문 대학이 발표한 필독서의 리스트는 초등

학교 도서 시장에까지 반영되고, 고전을 쉽게 요약하거나 독서의 동기를 부여하려는 책들이 고전 자체보다 더 많이 팔리는 실정이다.

최근에는 독서뿐 아니라 글쓰기 역시 여러 방식으로 권장되고 있다. 여행기나 수필, 자서전을 쓰도록 돕는 글쓰기 강좌는 물론, 보고서나 기획서를 효과적으로 작성하도록 돕는 강좌들도 점차 늘고 있다. 문화 센터마다 두세 개씩 글쓰기 전문 강좌가 개설되어 있을 정도다. 단순히 더 많은 정보를 흡수하는 효율적인 독서를 넘어, 정보를 효율적으로 전달하기 위한 자기표현의 기술 역시 점점 더 중요해지는 추세다.

여기 하나의 질문이 당도한다. 독서 모임과 수많은 인문학 강연, 자기 개발을 위한 글쓰기 강좌들이 넘치는 시대, 성공을 위한 독서가 넘쳐 나고, 자기표현의 기술로서 글쓰기가 권장되는 시대에, '읽고 쓰는 삶'은 어떤 의미인가. 고전과 사상서가 아니라 독서가 성공의 지름길이라며 열심히 독서를 권하는 책읽기 전도사의 책이 베스트셀러가 되는 이 시대에, 과연 읽고 쓴다는 것은 무슨 의미일까. 도서관에 갈 필요도 없이 인터넷의 백과사전 기능만으로 숙제와 보고서를 쓸 수 있고, 남이 올려놓은 리포트를 돈 주고 내려받아 제출할 수 있는 시대에, 종이도 펜도 필요 없이, 심지어 컴퓨터나 태블릿 피씨도 필요 없이 스마트폰에 글을 쓰고 무선으로 출력할 수 있는 시대에, 과연 읽고 쓴다는 것은 무엇을 의미하는 것일까.

하자나 성직자가 아닌 보통 사람들에게 읽고 쓰는 일이 허용되고 더 나아가 권장되게 된 것은 그다지 역사가 길지 않다. 근대 이후 고등교육이 보편화되고, 한 사람의 사회 구성원에게 교양 있는 시민의 위상이 부여되기 전까지 읽고 쓰는 일은 귀족이나 성직자, 소수의 학자들에게만 의미 있는 일이었다. 근대 초기까지도 법률가나 공증인, 필경사같이 읽고 쓰는 능력을 필요로 하는 직업들이 있었지만, 엄밀히 말하면 이때의 읽고 쓰는 능력은 문자와 숫자를 다루는 능력이지 그 안에 담긴 사상과 가치를 통찰하거나 새롭게 창조하는 일이 아니었다. 동양의 사정도 크게 다르지 않다.

적어도 동서양을 막론하고 근대 이전까지 '책'과 '독서'는 우리 시대와는 다른 의미를 갖는다. 고대부터 도서관은 존재했지만 이는 읽기 위한 것이 아니라 성스러운 지식을 보존하기 위해서였다. 권력자들은 정본이 될 텍스트를 확정하고 보존하여 그 신성함을 지킴으로써 권력의 위대성을 과시하기 위해 서적을 수집하고 왕실 도서관에 보관했다. 지금 터키 에페소에 유적이 남아 있는 고대 로마 시대의 셀수스 도서관, 1970년대 시리아 지역에서 발견된 고대 왕국 에블라의 도서관, 이집트의 알렉산드리아 도서관, 팔만대장경이 그대로 보존되어 있는 해인사의 경판각 같은 옛 도서관은 신성한 지식과 그 지식을 선포할 수 있는 권력이 작동하는 일종의 정치적 공간이었다. 고대 도서관에서 전시된 것은 책이 아니라 정치적 권위와 정당성이었던 것이다.

과시를 위해 축적된 도서관의 책들은 영광스러운 과거에 봉인되어 있다는 점에서 권력의 영원한 현재성을 보증하는 장치로 사

220
....

용되었다. 연구자들에 따르면 책이 영원히 진리를 봉인하려는 목적이 아니라 현실적인 정보와 의미를 찾기 위한 수단으로, 더 나아가 무엇인가 쓰기 위한 읽기의 수단으로 사용되기 시작한 것은 유럽의 경우 중세 후기 이후라고 한다. 근대 직전에 이르러서야 사유하고 분석하며 새로운 지식을 창조하기 위해 책이 사용됨으로써 읽는 행위와 쓰는 행위가 결합되었다. 이 시대에 당도해서야 글자를 이해하는 차원을 넘어 그 의미를 찾으려는 '독서'가 시작되었다고 할 수 있다.

그러나 여전히 근대 초기 유럽에서 읽고 쓰는 일은 귀족이나 부자, 학자나 성직자들의 전유물이었고, 보통 사람들에게 허용된 일상적 행위는 아니었다. 그렇다고 모든 성직자, 정치가, 귀족, 학자가 읽고 쓰는 삶에 평생 헌신했던 것도 아니다. 그들 중 소수만이 '독서'에 헌신했고 '글쓰기'에 삶을 바쳤다. 어떤 시대, 어떤 조건에서도 본성에 새겨진 성향으로 읽고 쓰는 삶을 선택했던 사람이 존재했다는 것이다. 그 어떤 상황에서도 누군가는 끝없이 읽고 쓰며 자신의 모든 삶의 자원을 쏟아붓는다.

왜 어떤 사람은 화려한 사교계의 생활, 정치적 권력, 세속적인 명예와 부가 아니라 지하 문서보관소나 작은 방에 스스로를 유폐시킨 채 오래된 문서들을 손으로 넘겨 읽으며 펜이나 붓으로 끝없이 무엇인가를 쓰고 또 썼던 것일까? 무엇이 어떤 사람으로 하여금 읽고 쓰는 삶에 헌신하게 하는 것일까? 모든 이에게 읽고 쓰는 일이 필수적인 덕목으로 부과되기 전, 모든 이가 쉽게 읽을 것들을 구하고 더욱더 쉽게 자기의 생각을 쓸 수 있게 되기 이전의 읽고 쓰는 삶은 지금과 어떻게 다른가? 독서에 성장도 아닌 '성공'이 마법처럼 붙어 버린 현재 우리의 상황에서, 읽고 쓰는 삶이란 어떤 의미인가? 이 장에서 만나 볼 두 사람은 아마 그 대답의 조각을 보여 줄지도 모른다.

르네상스와 페트라르카의 지분

누군가를 새로운 시대를 연 출발점으로 삼는다면 거기에는 적어도 두 가지 조건이 따를 것이다. 어떤 방식으로건 그가 만들어 낸 균열이 전 시대와 그의 시대 혹은 다음 시대를 분리했는가 하는 것이고, 다른 하나는 그 균열의 영향이 이후 지속되었는가 하는 것이다. 이 장에서 살펴볼 두 사람, 즉 주희와 페트라르카는 적어도 이 두 조건을 만족시키는 학자들이라고 할 수 있을 것이다.

페트라르카의 사상적 활동은 죽은 뒤에 그의 추종자들로부터 인간에 대한 학문이라는 의미의 '스투디아 후마니타스studia humanitas'라는 이름을 얻음으로써 르네상스 인문주의의 출발점이라는 공인을 받았고, 주희 역시 전 시대 성리학자들의 철학적 성과들을 결합해 독창적인 방법으로 집대성함으로써 사상적 전환을 완성한 것으로 평가된다. 주희가 계승한 전 시대 학문까지 포함해,

그가 연 새로운 사상적 학풍이 후에 그의 이름을 따 '주자학'으로 불렸다는 점이 이를 증명한다. 시기적으로는 주희가 앞서지만 일단 페트라르카로부터 출발한다.

프란체스코 페트라르카Francesco Petrarca, 1304~1374는 '이탈리아 르네상스 최초의 인문주의자'로 불리는 시인이자 고전 학자다. '르네상스 인문주의자'라는 호칭은 페트라르카에게 '르네상스'라는 단어에 대한 일종의 지적 소유권이 있음을 보여 준다. 페트라르카와 비슷한 시기에 활동했던 《데카메론》의 저자 보카치오Giovanni Boccaccio, 1313~1375 역시 '르네상스'의 탄생에 일정한 지적 소유권을 공유하고 있다고 인정받는다. 다만 '인문학studia humanita'이라는 용어는 페트라르카 사후에 그의 추종자들에 의해 사용되기 시작한 것이다.

르네상스라는 말처럼 우리의 흥미를 이끄는 단어도 많지 않을 것이다. 이탈리아에서 시작된 것으로 알려진 문예부흥운동으로서 르네상스는 보통 학문, 인간, 정치 혁신을 목표로 하는 교육, 정치, 사회 운동으로 알려져 있으며 그리스 로마 고전에 기초한 문법, 수사학, 역사학, 시학, 도덕철학 등에 관한 연구를 통해 표출된 것으로 여겨진다. 르네상스 연구자들은 르네상스로부터 개인주의, 세속주의, 민주주의, 합리주의 등을 발견하기도 하고 인문주의라거나 근대의 시작, 자본주의의 발전, 개인성의 발견 등 다양한 표제어를 연결하기도 한다.

우리는 흔히 이 개념으로부터 풍요로운 유럽의 문화적 발전상을 발견하고자 하지만 사실 학술적으로 '르네상스'는 모호하고 불분명하며, 학자마다 다른 범위와 내용을 제안하는 복잡한 주제다. 르네상스라는 개념이 학술적 시민권을 분명히 얻은 것은 《이탈리아 르네상스의 문화》라는 책을 통해서다. 르네상스 탄생의 배경과 이념에 대해 연구한 미술사가 야콥 부르크하르트Jacob Burckhardt, 1818~1897의 공이 크다.

15~16세기 이탈리아에서 시작되었으며 자본주의와 종교적 부흥을 토대로 근대성과 개인성이 부각되었다는 르네상스에 대한 부르크하르트의 결론은 오랫동안 관련 연구의 표준 역할을 해 왔다. 그러나 많은 연구자들이 부르크하르트의 결론을 부정하거나 수정하려는 시도들을 이어 오고 있다는 점에서 '르네상스'는 여전히 열려 있는 연구 주제다. 특히 르네상스는 유럽 중심주의, 근대성과 합리성, 민주주의를 배태한 단일하고 합리적인 유럽이라는 가상적 이미지의 토대로 여겨진다는 점에서 비유럽인들에게는 더욱 의심스러운 영역이 아닐 수 없다. 그럼에도 불구하고 중세 후기 유럽에 무엇인가 전 시대와 구분되는 어떤 지적 흐름이 있었다는 사실 자체를 부정하기는 어려울 것이다.

많은 연구자들은 르네상스를 전 시대와 구분하게 해 주는 특징을 13~14세기에 일어난 고전 문헌에 대한 새로운 인식과 연구라고 여긴다. 물론 페트라르카가 르네상스 전체에 영향을 끼쳤다거나, 모든 특징들을 선취했다고 말하기는 어렵다. 그러나 페트라르카를 가장 앞선 르네상스인으로 부를 수 있다는 점에 대해서는 많은 이들이 동의한다. 그가 고전을 발굴하고 연구하는 하나의 전통을 만들어 낸 인물이기 때문이다. 라틴어 고전들을 연구하는 풍토는 이미 페트라르카가 활동하기 이전인 13세기 후반에 시작되었지만 많은 연구자들이 페트라르카 이전에는 오늘날 우리가 '인문주의'라고 부르는 경향이 나타나지 않았다는 점을 인정한다. 그러니까 페트라르카는 르네상스의 문 앞에 서 있는 인물인 셈이다.

페트라르카가 촉발시킨 르네상스 인문주의의 특징 중 하나는 라틴어를 통한 고대 텍스트의 발굴과 연구에 대한 열정이라고 말할 수 있다. 키케로를 비롯한 그리스 로마 시대의 고전 문헌에 대한 페트라르카의 열정적인 발굴과 연구는 이후 지적 교양이 소통되는 모든 공간, 즉 궁정과 학교와 수도원에서 일반적인 현상이 되었다.

키케로를 사랑한 청년, 성직자가 되다

────────── 페트라르카는 1304년 피렌체 남쪽의 아레초Arezzo에서 태어났다. 원래 그의 부친은 피렌체의 공증인이었지만, 교황을 둘러싼 정치적 당파 싸움에 밀려 결국 피렌체를 떠나 아레초, 피사 등을 떠도는 망명을 택할 수밖에 없었던 것이다. 급기야 그의 아버지와 가족들은 프랑스 남부의 아비뇽에 정착했고, 페트라르카를 비롯한 가족들은 아비뇽에서 다시 공증인 업무를 시작한 아버지와 떨어져 근교의 시골에서 생활했다.

덕분에 페트라르카는 유년 시절을 프랑스 남부의 아름다운 프로방스 지방에서 보낼 수 있었다. 열두 살이 되던 해 페트라르카는 가업인 공증 업무를 물려받기 위해 몽펠리에대학에서 민법을 공부하기 시작했다. 4년 뒤에는 유럽 최고의 대학이었던 볼로냐대학으로 옮겨 갔다. 그러나 페트라르카는 법학에 만족할 수 없었다. 그의 마음을 온통 붙들고 있었던 것은 라틴어 고전들이었다. 그는 아버지 몰래 라틴어 고전들을 읽었고, 화가 난 아버지가 페트라르카의 책을 불태운 일도 있었다. 그러나 눈물을 흘리며 애원하는 아들 때문에 결국 아버지는 로마의 정치가이자 철학자인 키케로와 시인 베르길리우스의 작품만은 남겨 두었다고 한다.

가업을 잇기 원하는 부친의 기대와 자신이 좋아하는 일 사이의 갈등과 부담이 사라진 것은 부친이 세상을 떠난 이후였다. 1326년, 아버지가 돌아가시자 페트라르카는 미련 없이 법학을 포기하고 아비뇽으로 돌아온다. 아버지의 유산이 있어 생활이 풍족했던 그는 자신이 좋아하는 라틴어 고전을 읽으며 평화로운 4년을 보낸다.

평생 마음속에 품었던 여인 라우라를 만난 것도 이즈음이었다. 그는 1327년 아비뇽의 산타 키아라 성당에서 우연히 라우라 Laura라는 여인을 만나 사랑에 빠진다. 그러나 페트라르카는 끝내 사랑을 이루지 못했다. 그 자신의 선택 때문이기도 하지만 라우라가 페스트로 사망했기 때문이기도 하다. 라우라의 죽음에 대한 비판과 절망은 라우라에 대한 사랑을 노래한 시집《칸초니에레 Canzoniere》안에, 시간을 뛰어넘는 영원한 문자로 남았다.

직업 없이 아버지의 유산으로 살며 원 없이 고전을 읽었던 그의 평화는 오래가지 못했다. 어느 날 풍족했던 아버지의 재산이 바닥나 버렸다는 사실을 알았기 때문이다. 페트라르카 형제의 방만한 생활 때문이기도 했겠지만 재산관리인의 농간이 더욱 컸을 것이다. 파산은 그가 직업을 가져야 한다는 것을 의미했다. 이때 페트라르카는 평생이 걸려 있는 결심을 한다. 성직자가 되기로 한 것이다.

사실 그 시기, 페트라르카의 유일한 희망은 교회였다. 교회의 성직은 일정한 수입과 거처를 보장해 주었기 때문이다. 그는 이제 자신이 그토록 원했던 일, 고전을 읽고 연구하는 안정된 시간과 공간을 확보하기 위해 성직자의 길을 택한다. 세속적인 부와 명예, 결혼과 사교 생활을 포기하고 '읽고 쓰는 삶'을 택한 것이다.

성직자가 되었다고 해도 그가 모든 세속적인 욕망을 끊고 은둔했다는 것은 아니다. 그는 평생 결혼하지 않았지만 한 여인과의 사이에서 남매를 낳았고, 국가적으로 인정받는 시인에게 수여하는 '계관시인'이 되려는 욕망을 숨기지 않았으며, 여러 가문과 우호적인 관계를 맺으며 정치적 비호를 받기도 했다. 한편 페트라르카는 열정적인 자연의 예찬자였고 등산가였으며 여행가이기도 했다. 그는 자신이 나고 성장한 이탈리아와 프랑스는 물론, 네덜란드와 독일 라인 지역 등 수많은 곳을 돌아다니며 여행했고 산에 오르는 활동적인 삶을 살았다. 또한 그는 유능한 외교가이자 정치가이기도 했다. 고전 연구에 방해가 된다는 생각에 주교와 같은 교회의 고위 직은 거절했지만 교황의 외교 사절로 정치 활동에 참여해 여러 지역을 순방하고 유력한 사람들과도 교제했다. 그러나 낯선 공간을 향한 여행과 늘 갈등을 수습해야 하는 정치적 행보 속에서도 그의 영혼이 되돌아본 곳은 깊은 산중 수도원의 지하, 문서보관소였다.

교회는 그가 택한 '읽고 쓰는 삶'을 위한 최적의 조건이었다. 수입과 거처를 제공했을 뿐 아니라 대부분의 교회들이 그가 읽고자 하는 책들로 가득 찬 문서보관소를 보유하고 있었기 때문이다. 그는 은둔과 활동을 반복하며 여러 교회의 문서보관소에서 고대의 시인과 사상가, 정치가들이 남긴 문서와 편지들을 읽고 또 읽었다. 그곳에서 그는 수세기 전에 죽은 로마 시대의 학자이자 정치가 키케로와 재회했고, 교부철학자 아우구스티누스를 만났다. 수많은 고전 시대 인물들 가운데서도 페트라르카는 특히 이 두 사람의 사상을 연구했고 그들의 삶을 흠모했다.

읽고 쓰는 삶을 위하여

──────── 페트라르카에게 성직의 선택은 경제적 여유와 안정된 지적 활동을 위한 결정이었다. 이성의 자유를 얻기 위해 세속적 욕망을 포기한 것이다. 페트라르카는 성직자가 된 뒤에도 교황청의 고위직을 맡으라는 제안을 거절했다. 오직 읽고 쓰기 위한 시간을 빼앗길까 염려했기 때문이다. 그는 부와 명예 대신 읽고 쓸 시간을 택한다.

수도원 지하에서 발견한 로마 시대의 문헌과 편지들은 그에게 삶의 기쁨이자 목적 그 자체였다. 그는 광범위하게 고전 문학들을 연구했고, 주석을 달거나 판본을 대조했으며 위작 여부를 검토했다. 고전을 묵수하는 것이 아니라 비판적 연구를 통해 고전 연구의 전통을 새롭게 수립했던 것이다. 특히 현대 연구자들에게 익숙한 판본 대조와 같은 작업은 페트라르카 시대에는 훨씬 어렵고 지루하며 많은 시간을 요구하는 작업이었을 것이다. 무엇보다 판본 대조를 통해 정본을 확정하거나 위작을 가리는 일은 페트라르카의 시대에 지식인들에게 요구되는 일반적인 과정이 아니었다.

동시대인들을 움직였던 동력은 고전이 신성한 것이라는 생각과, 그로부터 진리와 지혜를 이끌어 낼 수 있다는 점이었을 것이다. 이런 풍토에서 필사본의 오류와 필사자들이 임의로 첨부한 문장을 가려 내는 일은 그다지 중요한 목표가 아니었다. 그러나 페트라르카는 자신의 의지와 학문적 지향에 따라 길고 지난한 작업을 통해 광범위한 고전 문헌들을 연구했고 필사의 오류를 밝혀냈으며 판본을 대조했다.

이런 과정에 얼마나 많은 의지와 인내가 필요했을지 짐작하기 쉽지 않다. 그러나 분명히 알 수 있는 것이 있다. 그 의지와 인내를 작동시킬 최소한의 조건은 누구에게도 어떤 일에도 방해받지 않을 충분하고도 자유로운 시간이라는 사실이다. 귀족도 아니었고, 아버지의 유산마저 날린 페트라르카의 입장에서 생계와 연구 공간 그리고 무엇보다 노동에서 자유로운 성직은 연구를 위한 최적의 선택이었을 것이다.

페트라르카는 거의 중독에 가까울 만큼 밤낮을 가리지 않고 읽고 또 썼다. 그러면서도 그는 이런 수고로운 생활 외에 다른 기쁨이나 즐거움이 없다고 고백한다. 페트라르카는 다른 사람들의 도움으로 업무의 부담에서 벗어나 오직 학문에만 전념할 수 있었지만, 언제나 시간이 부족하다고 말한다. 해야 할 새 작업이 쌓여 가는 속도가 그가 해낼 수 있는 속도보다 빨랐기 때문이다. 시간이 자신의 작업 속도보다 빠르게 지나간다는 사실에 압도되어 늘 압박감을 느끼면서도 그는 밤을 새우고 땀을 흘리며 물러서지 않았다.

다른 이들의 도움을 받아 고된 직무에서 벗어나 밤낮으로 읽고 쓸 수 있다. 이러한 노력이 없다면 어떤 재미와 기쁨이 있을지 모르겠다. 읽고 쓰는 일에 도취되어 있는 나는 다른 일이나 평온을 알지 못한다. 이로 인해 늘 새롭게 해야 할 공부가 나를 짓누른다. 세월은 기다려 주지 않는데 인생이 짧다는 것을 생각할 때면 이미 시작한 그 많은 작업들이 두려움이 되어 다가온다. 그런데도 나는 밤새워 공부하고 최선을 다해 전진해 나가기를 진심으로 바란다.

‒ Theodore K. Rabb, *Renaissance Lives: Portraits of an Age*, Basic Books, 2000.

열정적으로 여행과 등반을 좋아하면서도 깊은 산중 수도원의 지하실에 파묻혀 라틴어 고전들을 발굴하는 정적인 생활을 했던 페트라르카의 삶은, 르네상스 시대 사람들이 이상적으로 생각한 활동적인 삶과 관조적인 삶이 조화를 이룬 예로 여겨진다. 페트라르카에게 읽고 쓰는 시간은 무겁고 벗을 수 없는 노동이었지만 그것은 더 큰 세상의 노동과 임무의 수고로움을 잊게 해 주는 청량제이자 활력소와 같았다. 그는 가장 큰 열정으로 가장 정적인 삶을 추구함으로써 역동적이며 복잡한 세속의 삶을 살아갈 힘을 얻었던 것이다.

키케로의 친구, 아우구스티누스의 제자

페트라르카는 열정적인 연구를 통해 그리스 로마 시대 고전을 자신의 시대에 소환하고 재평가하는 데 헌신했다. 특히 그는 스스로를 '키케로주의자'라고 부를 만큼 평생에 걸쳐 키케로를 발견하고 읽고 그에 대해 썼다. 로마의 정치가이자 법률가였던 키케로Marcus Tullius Cicero, BC 106~43는 페트라르카 시대에 이미 대중화된 고전이었지만, 페트라르카는 키케로를 동시대 사람들과는 다르게 읽었고 새롭게 발견한다.

그는 이미 몽펠리에대학 시절에 구할 수 있는 모든 키케로의 작품을 읽었으며, 1345년에는 베로나 대성당 도서관에서 17권에 달하는 키케로 서간문을 새롭게 발견하기도 한다. 이 서간문들은 페트라르드가 이건에도 알려져 있던 글들이지만 이를 집중적으로 연구한 것은 페트라르카가 처음이었다. 이 편지들을 통해 페트라르카는 정치가, 웅변가의 모범 키케로가 아니라 모순덩어리 인간 키케로를 발견한다. 페트라르카는 동시대인들처럼 키케로를 통해 고대 철학의 도덕적 이상을 반복적으로 복기하는 것이 아니라 한 인간의 모순과 고뇌, 그리고 이를 넘기 위한 자기 성찰의 노력을 발견한다. 바로 이 지점에서 페트라르카는 동시대인들과 달리 개인과 자아를 강조하는 근대적 경향에 가까워진다.

페트라르카의 삶을 바꾼 또 다른 고대인은 기독교 사상의 근간을 마련한 교부철학자 아우구스티누스Sanctus Aurelius Augustinus, 354~430였다. 《고백록》, 《신국》 등의 책을 남긴 아우구스티누스는 젊은 날의 방황을 끊고 신앙으로 회심하여 놀라운 종교적·지적 성취에 이른 인물로, 많은 서구인들에게 이성과 신앙을 조화시킨 위대한 철학자로 인정받는다. 페트라르카는 《고백록》을 발견한 이후로 한 번도 몸에서 떼어 놓은 적이 없다고 말할 정도로 평생 이 작품을 읽고 또 읽었다. 그는 후에 아우구스티누스와 나눈 3일간의 가상 대화를 편지글 형식에 담은 《나의 비밀Secretum》 같은 글을 남기기도 한다.

당시 아우구스티누스는 페트라르카의 숨겨진 우상이 아니라 이미 동시대인들의 사랑을 받던 대중적 인물이었다. 그러나 페트라르카는 아우구스티누스의 《고백록》을 통해 동시대인들과는 다른 길로 아우구스티누스와 만난다. 단순히 기독교를 향한 회심과 아우구스티누스의 신앙을 찬탄하는 것이 아니라 《고백록》이라는 다리를 통과해 자신의 '내면'으로 회귀한 것이다.

페트라르카는 방황을 거쳐 기독교에 귀의한 아우구스티누스를 자신과 동일시한 것으로 보인다. 그 회심과 참회의 순간이 잘 드러난 것이 이른바 〈방투산 등정기〉로 알려진 글이다. 그는 이 글에서 자신이 과거에 비열한 행동과 육욕으로 가득 찼던 부패한 영혼이었음을 고백한다. 근교에서 가장 높은 방투산에 올라간 페트라르카는 그곳에서 다시 한 번 아우구스티누스를 발견한다. 방투산 정상에서 그는 품 안에 넣고 다니던 아우구스티누스의 《고백록》을 떠올린 것이다. 그는 어느 구절이든 읽으려는 생각으로 《고백록》을 펼쳤다.

> 내가 처음으로 펼쳤던 곳에는 이런 문장이 적혀 있었다. '사람들은 높은 산과 바다의 높은 파도와 도도한 강의 흐름과 광막한 대양과 별들의 회전을 바라보며 경탄한다. 그러나 그들 자신에 대해서는 잊는다.' 나는 전율하였다. 나는 더 듣고 싶어 하는 동생에게 귀찮게 하지 말라고 말하고는 책을 덮었다. 나는 여전히 세속적인 사물에 경탄하는 내 자신에게 화가 났다. '인간의 정신 외에는 경탄할 만한 것이 없다. 정신의 위대함에 견줄 것은 아무것도 없다'는 이교도 철학자의 글이 떠올랐기 때문이다.

인간의 눈으로 감당하기 어려운 장엄한 풍경 앞에서 페트라르가는 아우구스티누스의 문장을 떠올리며 위대한 자연에 대한 매혹이 아니라 인간의 영혼 내부로 돌아선다. 이곳에서 그는 가장 먼저 인간으로서 자신을 발견해야 한다는 사실을 깨닫는다. 그는 하산할 때 시선을 '내면'으로 돌리게 되었다고 고백한다. 초월적 세계에 대한 경외나 계시를 중시하는 중세적 세계관이 아니라 외부 세계와의 관계를 통해 자신의 내면을 발견하고 이를 출발점으로 삼아 세계를 다시 한 번 새롭게 인식하는, 근대적 세계관의 첫 장을 열어 나갔던 것이다. 그는 평생의 읽고 쓰는 삶을 통해 신의 계시를 경유하지 않고 자연을 비롯한 외적인 세계와 인간의 내면을 연결하는 새로운 통로를 열어 나갔다.

대부분의 학자와 문학가들이 읽고 쓰는 삶을 살았다는 점에서 페트라르카의 삶이 특별하다고는 할 수 없다. 철학사나 문학사에서 평생을 학문에 헌신하며 엄청난 양의 책을 읽고 또 그만큼 엄청난 양의 저술을 남긴 학자나 작가를 찾는 것은 그다지 어려운 일이 아니다. 스피노자 역시 유배지와 같은 다락방에 머물며 읽고 쓰는 생활을 했고, 정약용 역시 18년의 유배 기간 동안, 그리고 57세에 해배되어 75세에 사망하기 전까지 조선 역사에 유래가 없을 정도의 방대한 저술을 남겼다는 점에서 '읽고 쓰는 삶'에 적합한 주인공들이라고 할 수 있다.

그럼에도 페트라르카가 읽고 쓰는 삶의 모범으로 꼽힐 수 있다면 그것은 단지 그가 많이 읽고 많이 쓴 사람이 아니라 적극적으로 그러한 삶을 '선택'한 사람이기 때문이다. 어쩔 수 없는 외적 상황에 따른 결과가 아니라 스스로 삶의 일부를 포기함으로써 읽고 쓰는 삶을 선택하고 지향했다는 의미이다. 페트라르카처럼 동양에서도 읽고 쓰는 삶을 선택한 뜨겁고도 차가운 열정의 소유자를 찾을 수 있다. 동아시아에서 공자만큼이나 많이 알려져 있으며 또 그만큼 영향력 있는 철학자 주희다.

질풍노도의 청년 주희

주희朱熹, 1130~1200는 동아시아 사상 전통에서 공자, 맹자를 제외하고 가장 강력한 영향력을 가진 철학자다. 사후에 그를 높이기 위해 붙여진 '주자朱子'라는 이름으로 더 알려진 12세기 중국의 위대한 철학자 주희 역시 페트라르카처럼 평생 읽고 쓰는 삶을 살기로 선택한 학자 중 하나이다. 주희는 1130년 송나라의 복건성, 건안 지역에서 지방 관리의 아들로 태어났다. 주희가 태어났을 때 송나라는 금나라의 침입으로 온 나라가 혼란스러운 상태였다.

각지에서 발생한 반란으로 약해진 당나라를 몰아내며 중원을 차지한 송나라는 처음부터 군사력을 강화하는 대신 문관 중심의 문치주의를 표방했고, 그에 따라 국경 지역의 군사력은 약화될 수밖에 없었다. 이에 따라 건국 초기부터 송나라는 변방의 이민족들의 도발과 침입에 시달려야만 했다. 특히 북쪽에서 성장하고 있던 여진족은 송나라를 끊임없이 위협하고 있었다.

결국 송나라는 1127년 황제 흠종이 금나라 군에 의해 수도 개봉에서 피랍되며 막을 내렸다. 우리는 보통 이 시기까지의 송나라를 북송北宋, 960~1127이라 구별해서 부르고, 흠종의 동생이었던 조구가 난징 지역에서 새롭게 왕조를 재건한 뒤의 송 왕조를 남송이라 부른다. 남송은 사실 본래 국토의 절반 이상을 잃었을 뿐더러 조정 역시 10여 년 이상 금나라와 계속 싸울 것인가 화친을 맺을 것인가로 양분되어 심각한 내분을 겪었다. 주희는 여전히 국가의 존망이 위태롭던 혼란기에 지방 관료 주송의 세 번째이자 유일하게 살아남은 외아들로 태어난 것이다.

주희는 어려서부터 생각이 많은 아이였다고 한다. 그 자신의 회고에 따르면 주희는 대여섯 살 때부터 천지 사방의 바깥에 무엇이 있을까 생각했다고 한다. 주희는 그 시절에 자신이 너무 골똘히 생각해서 병이 날 정도였다고 회고한다. 아들의 재주를 알아본 아버지가 영특한 외아들을 어떻게 가르쳤을지 짐작이 간다. 특히 주희가 열한 살 되던 해 주송은 금나라와의 굴욕적인 화친을 반대하다 정치적으로 숙청당한다. 그 후 그는 가족을 이끌고 건안建安이라는 지역으로 들어가 칩거하게 된다.

이때부터 주송은 아들의 유일한 스승이었다. 주송은 아들을 가르치는 한편 글을 쓰고 암송하는 공부를 하루도 거르지 않았다. 그러나 이 시절은 그리 오래가지 못했다. 아버지 주송이 47세의 나이로 세상을 떠났기 때문이다. 주송은 아들에게 자신의 세 벗을 찾아가 배우라는 유언을 남긴다. 건안의 삼선생이라 불리던 호헌, 유면

지, 유자휘 세 사람이었다.

이 시기 주희는 선불교에 빠지기도 했지만 아버지의 유지에 따라 세 스승 밑에서 공부하며 독서에 전념했다. 주로 사서오경을 익혔고, 특히 〈대학〉과 〈중용〉은 매일 아침 열 번씩 읽었다고 한다. 그 덕분으로 주희는 비교적 이른 나이인 18세에 지방 시험인 해시解試에 합격하고, 다음 해에 본시험인 전시殿試에 합격한다. 등수는 그다지 높지 않아 전체 330명 중 278등이었다. 이 일에 대해 훗날 주희는 제자들에게 당시엔 시험관들이 우습게 보였다고 회고하기도 한다. 가난한 살림에 어머니를 봉양해야 하는 처지에서 과거 시험을 포기할 수 없었던, 그럼에도 자신의 노력과 성취에 교만해진 소년의 자의식과 어설픈 치기가 느껴진다.

과거에서 성적이 낮으면 관직도 낮고 보직을 받을 때까지 대기하는 시간도 길어질 수밖에 없었다. 그러니 과거를 통해 성공하려던 야망이 없었던 청년 시기의 주희가 목표를 향해 달려 나간 진취적인 인물이었다고 말하기 어렵다. 그의 인생에 중요한 전환점이 되었던 것은 연평 선생, 이동李侗, 1093~1163과의 만남이었다. 부임지로 떠나는 도중에 연평 선생의 집에 머물면서 주희는 스승에게 이후 학문의 방향을 결정할 중요한 통찰을 얻게 된다. 이 시기 주희는 스승으로부터 '사람이 어떻게 자신과 세계에 대한 탐구를 통해 도덕적인 삶을 살 수 있는가'라는 질문을 평생의 과업으로 부여받는다.

결국 주희는 스물두 살에 임관 시험을 통과해 천주泉州 동안현

237

同安縣의 주부主簿라는 종 9품의 최말단으로 임명되지만, 부임지에 자리가 나지 않아 2년을 더 기다린 뒤 스물네 살이 되어서야 처음으로 관직 생활을 시작하게 되었다. 주부로서 주희는 수많은 장부를 처리하고 지역의 학교 행정에도 관여하는 등 다양한 업무를 보는 한편, 밤을 새워 학문을 연구했던 것으로 보인다.

주희는 후에 당시를 회상하며 이치를 깨닫지 못하면 잠을 이루지 못했다고 말하기도 한다. 결국 주희는 임기가 끝난 뒤 스물여덟 살에 동안현을 떠나 고향으로 돌아간다. 그리고 50세에 남강군의 지사로 부임하기 전까지 20여 년 이상을 오로지 독서와 저술 그리고 제자 양성에만 힘썼다. 그것은 정치적으로 숙청되어 칩거했던 아버지와는 달리 오직 주희 자신의 선택이었다.

절실하고 간절하게 읽고 또 쓰며

고향에 돌아간 다음 해인 1158년, 스물아홉 살의 주희는 도관道觀, 즉 도교 사원의 관리직인 사관祠官에 봉해 달라고 청한다. 이 직책은 사실상 임지에 부임하거나 실무를 볼 필요가 없는 명목상의 관직이라고 할 수 있다. 물론 봉급도 낮았다. 그러나 주희는 읽고 쓸 시간을 확보하기 위해 관직에서의 출세를 포기하고 적은 봉급과 학생들의 수업료만으로 생활하기로 결심한다. 그는 학문에 전념할 시간을 확보하기 위해 정치적 명성과 출세를 포기한 것이다.

결과적으로 주희는 50여 년간의 관직 생활에서 외지로 부임했던 9년을 제외하고는 사관의 직책으로 생계를 유지하며 학문과 교육에만 집중한다. 물론 밖에 나가지 않고 은둔 생활을 한 것은 아니다. 학문적 동료였던 장남헌을 방문했을 때는 그와 함께 지금의 호남성에 자리한 남악 형산衡山에 오르기도 하고, 아호사라는 곳에서 당대의 천재로 불렸던 육구연 형제들과 학문적 토론을 벌이기도 한다. 그러나 그의 인생 전체를 놓고 보면 이런 삶은 정적인 국면에 가깝다. 더 극단적인 일들이 앞에 놓여 있었기 때문이다.

절동 지역에 부임해 있던 주희는 53세였던 1182년, 태주台州의 지사였던 당중우唐仲友, 1136~1188라는 인물을 집요할 정도로 탄핵한 일이 있다. 조세를 불법 징수했다거나 위조 화폐를 찍어 냈다는 등의 죄목들이었는데, 주희는 여섯 차례에 걸쳐 만 5천여 자에 이르는 탄핵문을 올렸고 조정이 당중우를 파면하지 않자 스스로 사직원을 제출하기도 했다. 당중우는 결국 탄핵되었지만 그 일로 주희도 사직되었다. 왜 주희가 그토록 집요하게 당중우를 탄핵하고자 했는지는 잘 알려져 있지 않다. 그러나 결과적으로 이 사건으로 인해 주희는 자신의 직위도 잃고 사상적으로도 탄압받았다. 심지어 말년에는 학문적 활동을 금지당하는 이른바 '위학의 금'을 겪기도 했다. 주희는 오랫동안 반대파들의 모함과 비난을 감당해야 했다.

그러나 불운과 역경을 겪으면서도 주희는 어떤 상황에서도 읽고 쓰는 삶에 헌신했다. 눈병이 날 정도로 책을 읽었고, 통증 때문에 읽을 수 없으면 제자에게 낭독을 시키기도 했다. 주희는 "학문을 할 때는 반드시 절실하고 간절하게 공부해야 하니, 배고플 때 먹는 것조차 잊고, 목마를 때 마시는 것조차 잊을 정도로 해야만 한다 爲學須是痛切懇惻做工夫, 使飢忘食, 渴忘飮, 始得"《주자어류》고 말한다.

결과적으로 그는 모든 부정적 조건과 지적 탄압을 넘어 철학사에 자기 이름으로 된 학문 체계를 남겼다. 그를 탄압했던 이들의 이름은 이제 역사상에서 찾을 수 없지만 주희는 자신의 이름을 내건 학문을 중국과 조선을 이끄는 학문적 이념이자 정치적 토대로 세워 놓았다.

새로운 유학을 열다

한마디로 말하면 주희는 북송대에 새롭게 형성된 유학인 '성리학'의 집대성자라고 할 수 있다. 성리학이란 송나라 때 일어났던 새로운 사상적 흐름으로, 공자와 맹자로 대표되는 고대 유학을 시대의 요구에 맞게 재해석하고 체계화한 송 대의 사상운동이다. 주나라가 분열하던 춘추 시대의 철학자 공자孔子, BC 551 ~ BC 479는 당시의 혼란을 수습하기 위해 여러 나라에 정치적 유세를 다니며 위정자들을 설득하고자 했다. 공자는 '인간이라면 어떻게 살아야 하는가?' '어떠한 정치가 인간을 인간답게 살 수 있게 하는가?'라는 질문에 '도덕성'이라고 답한다.

그는 인의예지와 같은 도덕적 가치가 인간을 인간답게 하며, 백성을 통치하는 위정자가 이러한 도덕적 가치를 갖추어야 정치가 안정되고 사회가 발전하게 될 것이라고 믿었다. 공자의 철학적 신념은 맹자를 비롯해 다른 유가들에게 계승되었고 이후 중국은 공자가 세운 유학을 중심으로 정치와 사회를 운영해 나가는 유교국가가 되었다.

성리학자들은 선진 유가의 문제의식과 개념들을 대부분 계승하지만 이를 더욱 발전시켜 '인간이 인과 예를 실천해야 한다면 그 근거는 무엇인가?'를 묻는다. 한마디로 우주만물의 보편적 원리와 도덕성의 근원을 물은 것이다. 이에 대한 대답이 바로 이기理氣론이다. 이기론이란 우주 만물의 근원과 작동 원리에 관한 이론이다. 하나의 사물이 그 사물일 수 있는 것은 그 사물을 그것이게끔 만든 원리가 존재하기 때문이다. 이것이 바로 리理이다. 리는 또한 그 자체로 태극이기도 하다. 태극은 모든 리의 총합 또는 모든 리 중에서 가장 으뜸가는 리이다. 그런데 태극, 즉 리는 경험할 수도 인식할 수도 없는 완전히 추상적인 원리이기 때문에 개별적인 존재가 형성되려면 일종의 질료에 해당하는 기氣가 필요하다. 만물은 리와 기가 결합해서 이루어진 것이다. 성리학의 이론적 토대로서 이기론은 주희가 선배 성리학자들의 이론들을 모아 하나로 정리한 것이다.

거칠게 말하자면 주희는 북송 대에 활동했던 선배 학자들의 철학적 유산을 마치 모자이크처럼 맞추어서 하나의 그림을 완성한다. 주희는 주렴계, 장횡거, 정명도, 정이천 등 북송 대 학자들이 발굴하고 체계화한 태극, 리, 기 등의 이론을 종합해 '이기론'이라는 형이상학적 체계를 완성하는 한편, 그 위에 심성론, 수양론 등 유학의 전통적인 문제를 쌓아 올림으로써 성리학을 체계화한 학자로 평가받는다.

특히 여기에는 불교와 도교로부터 이론적 자극을 받아 형성된 이론도 있고 불교나 도교에서 빌어 온 개념도 있었기 때문에, 성리학은 한마디로 당대 동아시아에서 자생한 여러 학문과 사상의 경향을 종합한 지적 경향이자 운동이라고 할 수 있다. 주희가 그린 이 체계적 종합이 성공적이었기 때문에 그가 종합한 이론 체계를 특별히 그의 이름을 따 '주자학'이라고 부르게 된 것이다. 그러나 주희는 살아생전에 그다지 크게 평가받지 못했다. 살아 있었을 때 주희는 최고의 학자라는 칭송이 아니라 도리어 탄압을 받았다.

주희를 반대했던 이들은 주희가 선배 학자인 이정 형제의 학문을 훔쳤으며 거짓 학설로 사람들을 현혹시켰다고 주장했다. 물론 이 시련에는 송 대의 복잡한 정치적 파벌과 당쟁의 역사가 숨겨져 있다. 그리하여 주희는 정치적 싸움에 휩쓸리면서 그간 쌓아 온 학문적 지위를 잃게 되었던 것이다. '거짓 학문의 금지僞學之禁'라는 탄압과 불명예는 주희가 죽을 때까지도 풀리지 않았다. 물론 결국 주희가 받은 그 모든 탄압과 불명예는 주희 사후에 대부분 무효화되었다. 그리고 그를 탄압한 이들이 철학사에서 사라진 것과 달리, 그의 학문은 중국과 조선의 통치 이념이자 철학 체계였던 '주자학'으로 남았다.

고전의 발견과 재해석

————————— 페트라르카가 라틴어 고전을 읽고 쓰며 새로운 인문주의의 첫 문을 열었듯, 주희 역시 고전을 새로운 시각에서 연구하고 재구성함으로써 새로운 유학을 펼쳐 나갔다. 주희가 평생을 들여 연구한 고전이 바로 사서四書 즉《논어》, 《맹자》,《대학》,《중용》이다.

우리는 보통 유학의 기초가 사서라고 생각하지만 사서가 현재와 같이 하나의 일관되고 연속된 체계로 묶인 것은 송 대의 일이다. 그전까지《논어》와《맹자》는 모든 이들이 읽는 기본서였지만, 《대학》과《중용》은《예기》라는 오경 중 한 책의 일부분이었을 뿐, 독립적으로 취급되지 않았다. 주희가 읽고 쓰는 삶에 헌신하며 남긴 업적 중 가장 중요한 하나는 사서의 주석 작업을 통해 이를 하나의 체계로 확정한 일이다. 주희는 사서를 정리함으로써 고대로부터 전승되어 온 유학의 체계를 성리학의 이념과 개념으로 재해석한다. 이 작업의 토대는 주희보다 두세 대 정도 위의 인물들인 정명도, 정이천, 장횡거 같은 북송 대 성리학자들이 닦아 놓은 것이다. 이들은 고대 유학을 새로운 관점에서 사유하며 그 정수를 담고 있는 〈대학〉과 〈중용〉을《예기》에서 분리해 새롭게 장절을 나누고 주석을 붙였다.

이들의 작업을 토대로 주희는《논어》와《맹자》는 당대까지 나온 다른 학자들의 주석을 집대성한 뒤 자신의 견해를 덧붙이고, 〈대학〉과 〈중용〉의 경우는 고본의 체제를 바꾸어 장과 절을 새롭게 나누는 방식으로 사서의 체계를 확정한다. 이런 과정을 통해 새롭게 등장한 것이 《사서장구집주四書章句集註》다. 그러니까 사서의 원문은 고대로부터 전승되어 온 유학의 기본 자산이었지만 《사서장구집주》는 동시대의 지적 자산을 활용해 주희가 집대성한 새로운 창작물에 가깝다고 볼 수 있다.

사서에 대한 주희의 헌신과 노력은 중년 이후 본격화되어 죽기 직전까지 이어졌다. 학문적으로 중기에 해당하는 시기에 주희는 《대학장구》와 《중용장구》를 완성한다. 사서에 관련된 작업은 그의 말년까지 이어진다. 성리학의 이념과 세계관을 밝힌 《중용장구》의 서문은 60세에 완성했고, 세상을 떠난 71세의 봄에는 〈대학〉의 〈성의誠意〉장을 개정하기도 했다. 그가 사서의 연구와 저술에 얼마나 헌신했는지 알 수 있는 대목이다. 주희가 남긴 책이 방대하다고 했지만 사서에 관한 저술이 압도적으로 많을 뿐 아니라, 그가 보낸 상소문이나 편지 등에서 언급한 사서에 관한 주제들까지 포함한다면 사서가 언급되지 않은 주희의 글을 찾기 어려울 정도로, 사서는 주희 철학의 근간을 이루고 있다.

주희가 확정한 사서 체계는 그 전대까지 가장 권위적인 경전이었던 오경을 대체하며 새로운 권위를 형성해 나간다. 송 대 이전까지 유학의 가장 전통적이고 권위적인 텍스트는 《시경詩經》, 《서경書經》, 《주역周易》, 《예기禮記》, 《춘추春秋》의 오경五經이었다. 오경은 고대부터 전승되어 온 정통적 문헌인 데다, 공자가 정리한 것으로 알려져 있기 때문에 공자의 권위까지 더해져 더욱 존숭되었다. 중국의 분열을 수습하고 통일 제국을 수립한 한 대에 유학이 국가의 통치 이념이자 관학으로 자리 잡자, 오경 역시 국가의 체제부터 귀족들의 교양에 이르기까지 중국 사회의 표준이 되는 정전正典의 역할을 하게 되었다.

주희의 《사서장구집주》는 오경 중심의 체제에서 사서 중심의 체제로 전환시켰다. 이는 일종의 사상적 전회라고 평가할 만하다. 물론 사서가 중심이 된 후에도 오경의 권위와 정통성이 유지되었지만 1313년 원 대에 《사서장구집주》가 공식적인 과거 시험의 교재로 채택된 뒤 청 대에 과거제도가 사라질 때까지 주희의 사서집주는 중국과 조선에서 도전할 수 없는 정통성과 권위를 누렸다.

앞에서 보았듯 이탈리아의 르네상스가 '고전으로의 회귀'에서 출발한 것이라면, 주희의 사서 작업 역시 일종의 고전으로의 회귀라고 볼 수 있다. 그러나 사실 주희의 시대에 사서는 기본적인 교과서와 같았고, 당시 사람들은 고대로부터 전승된 이 문헌들을 '고전'으로 여기지 않았다. 유학자들에게 《논어》와 《맹자》는 발굴하고 연구해야 할 옛 문헌이 아니라 영원히 현재성을 가지는 초시간적 문헌이었기 때문이다. 그럼에도 불구하고 주희의 작업은 동시대인들의 그것과 달랐다.

주희는 공자, 맹자와 같은 고대 유학자들을 단순히 묵수한 것이 아니라 새로운 이론과 개념으로 재해석하고 재구성함으로써 천여 년 전의 학자들의 문제의식을 당대의 사상적 장 안으로 직접 연계해 낸다. 주희는 사서의 구절들을 통해 이기론과 심성론 등 성리학자들이 고민한 철학적 주제들을 재해석함으로써 단순히 고대 유학에 대한 재평가에 그치지 않는 새로운 학문 즉 신유학을 설계한 것이다.

사서의 체계를 완성시킨 후 주희는 이를 바탕으로 다양한 철학적 주제들과 씨름한다. 이 결과는 엄청난 양의 저술을 담고 있다. 자손이 편찬한 《주문공문집》은 속집과 별집을 합해 121권에 이르며, 문인과의 문답을 기록한 《주자어류》는 140여 권에 이른다. 옛책의 권수라 어느 정도 규모일지 가늠이 되지 않는다면 중국에서 주희의 글을 모두 모아 출판된 《주자전서》의 규모를 보면 된다.

현재 《주자전서》는 총27권으로 출판되어 있다. 빽빽한 한문이 세로로 적힌 27권의 전집은 한문에 능통한 전문가가 읽기에도 상당히 오랜 시간이 소요되는 방대한 양이다. 그가 남긴 문헌의 양과 학문적 깊이는 평생에 걸쳐 그가 얼마나 읽고 쓰는 삶에 헌신했는지를 증명한다.

몽상가들이 사는 방식

──────── 모든 삶의 가능성을 한쪽으로 기울여, 읽고 쓰는 삶을 택하는 사람들이 있다. 무엇이 이들로 하

여금 읽고 쓰게 하는 것일까. 무엇이 어떤 사람들로 하여금 지루하고 반복적인, 그토록 오랜 시간을 투자해도 성취를 보장할 수 없는, 노력에 성과가 비례하지 않는, 무엇보다 평생토록 끝나지 않을 일에 자신을 헌신하게 하는 것일까.

한 가지 답을 찾는다는 것은 불가능하거나 혹은 무의미하겠지만 그래도 분명한 것이 있다. 이들의 시선은 부나 명예, 권력이나 영향력 같은 현재에 실현 가능한 다양한 성취들이 아니라 더 멀거나 더 큰 세계를 향해 있다는 것이다. 만약 이들이 현재의 성취와 그 향유에 관심을 둔 사람들이었다면, 그들의 읽고 쓰는 삶은 어느 순간에 멈추는 것이 효율적이었을 것이다.

그런 맥락에서 읽고 쓰는 삶을 택한 이들은 사실 상당한 이상주의자일 가능성이 높다. 현실의 문제를 읽지만 그 문제나 문제 해결의 토대가 보다 근본적이고 근원적인 차원에 있다고 보기 때문이다. 어떤 이들은 현실이나 현상의 차원이 아니라 보다 궁극적인 세계를 통해 현재를 이해하기 위해 사유의 기원으로 돌아가 오래된 책을 읽고 끝없이 쓰고 또 쓴다. 이들은 어쩌면 현실의 자기보다 더 큰 자기를 상상하는 몽상가들일지도 모른다.

그러나 이들은 현재에 없는 세계를 꿈꾸는 몽상가들과는 다르다. 페트라르카나 주희가 읽고 쓰는 삶을 택한 것은 은둔이나 명상을 위해서가 아니었다. 이들은 학문적 성취를 위해 세속의 명예와 권력을 포기한다. 페트라르카가 내적 평화를 중시하는 수도원의 이상을 넘어 학문적·지적 성취를 높이 여기는 세속적 이상을 추구함으로써 근대인의 모습을 보여 주었다면, 주희는 단순히 학문적·지적 성취조차 뛰어넘어 세계를 구성하는 보편적 가치와 하나가 되는 도덕적 자기완성을 추구한다. 읽고 쓰는 과정은 이를 위한 방법이자 자원이었을 것이다.

누구나 경건한 성찰을 위해 읽고 쓸 필요는 없다. 모든 사람들이 필생의 역작을 남기기 위한 연구에 매진할 이유도 없다. 사실 페트라르카와 주희처럼 연구를 위해 헌신하며 글 속에서 사유의 길을 내는 것은 하나의 선택 가능한 삶의 유형일 뿐이다. 택할 수도 있고 피할 수도 있는 하나의 유형이라는 의미다. 그럼에도 누군가는 끝없이 읽고 쓰며, 세상의 오해와 질시뿐 아니라 자신에게 찾아온 병과도 싸워 가며 평생 읽고 쓰기를 멈추지 않는다. 이 헌신과 집중의 노력이 없었다면 아마 세상은 지금 우리가 아는 방식과 조금 달라졌을지도 모른다.

다시 첫머리의 질문으로 돌아간다. 우리는 왜 읽고 쓰는가. 모든 읽기 그리고 쓰기의 근본은 변화다. 삶과 세계에 대한 나의 인식을 바꾸기 위해 읽고, 다른 이들의 생각을 변화시키기 위해 글을 쓴다. 이는 위대한 철학자나 보통의 우리들이나 마찬가지다. 그러나 분명히 다른 게 있다. 이들의 읽고 쓰기는 현재에 얽매이지 않았으며 외적인 구현에 흔들리지 않았다. 자신의 변화는 현재적인 사건이지만 그 결과가 반드시 모종의 사회적 성취나 성공으로 구현되기를 기대하지 않았으며, 다른 이들의 변화를 기대했지만 그역시 현재에 실현되지 않았다 해서 실망하지 않았다.

또 한 가지 중요한 것이 있다. 이들이 단순히 중독처럼 책을 읽고 열병처럼 글을 쓰는 사람들이 아니라는 점이다. 감옥에 들어가서도 집필을 멈추지 않았고, 종이가 부족해 도배지의 뒷면까지 썼다는 한 문명교류학 분야의 석학의 이야기가 감동적으로 느껴지는 것은 단순히 그 학자가 많이 읽고 많이 썼기 때문이 아니다. 이런 이들은 중독이나 열병이 아니라 담담하게 자신이 택한 삶의 방식을 묵수해 나간 생활인에 가까울 것이다.

진정한 의미에서 읽고 쓰는 삶을 택하는 사람들은 부박하고 과시적인 변화를 기대하지 않았고, 당장 상황을 바꿀 현실적인 힘과 영향력을 만드는 데 힘을 기울이지도 않는다. 페트라르카도 주희도 묵묵하게 긴 호흡으로, 담담하게 먼 시각으로 자기와 세계에 대한 실천을 멈추지 않았을 것이다. 그런 의미에서 읽고 쓰는 과정을 통해 얻을 효과가 보다 일찍, 보다 분명한 형태로 나타나기를 기대하는 사람이라면 엄밀히 말해 '읽고 쓰는 삶'이 아니라 '성공하는 삶'을 택한 것에 가깝다. 그러니 만약 누구든 이 시대가 권하는 읽기가 부박하다거나 쓰기가 빈약하다고 느끼는 사람이 있다면, 그것은 그 사람 안에 아마 '읽고 쓰는 삶'의 본성이 잠재되어 있기 때문일 것이다. 우리 시대가 요구하는 효율적인 삶은 아닐지라도.

페트라르카와 주희

여기까지 읽어 오신 당신께

⋯⋯ 눈을 감고 운명을 고르기

운명으로 친다면
내 운명을 고르자면
눈을 감고 걸어도
맞는 길을 고르지

이토록 선명한 확신이라니, 멋지지 않습니까. 아이유가 부른
〈분홍신〉이라는 곡의 가사입니다. 자주 듣던 곡이었는데 어느 날
문득 저 구절이 귀에 들어왔습니다. 멀쩡히 눈을 뜨고도, 그 어떤
강압도 주위의 부담스러운 기대도 꼭 갚아야 할 빚도 없었건만 늘
눈을 감고 걷는 것보다 더 주저했던 사람으로서 한 대 맞은 기분이
었다고 할까요. 삶의 경로들, 선택과 결단 앞에서 불안해하며 주저

하는 사람이 저 혼자는 아니겠지요.

여행이나 출장으로 낯선 곳에 잠시 머물며 '과연 이곳에서 살 수 있을까' 하고, 별 의미도 없고 가능성은 더 낮은 질문을 해 볼 때가 있습니다. 이런 때 누구에게든 '그럴 수 있을 것 같다' 쪽으로 기울게 하는 결정적 조건이 있을 것입니다. 지금까지 쌓아 온 삶의 방식과 결과들을 단번에 버릴 수 있을 정도의 강력한 자극에 끌리는 사람이라면 그 어떤 것도 장애가 되지 않겠지만, 보통은 낯선 환경을 견디게 해 줄 어떤 안정감, 다양한 변수와 그에 따른 불안들을 가라앉히는 그 무엇을 찾게 되지요. 저는 농담 삼아 이런 기준들을 '거주 가능성 기대 검사'라고 부릅니다.

좋아하는 것을 좇기보다는 싫어하는 것을 피해 온 저로서는 이 검사의 기준 역시 새로운 것보다는 익숙한 것에 좌우되는 편입니다. 제가 낯선 도시 한복판에서 '이런 곳이라면 살아도 괜찮겠다' 하고 상상 속에서 결정하는 기준 중 하나는 도서관이나 서점입니다. 사실 '배운 도둑질'이 이것뿐이라, 할 줄 아는 일이 읽고 쓰는 것뿐이라 서가에 꽂힌 책과 책을 펴 놓은 책상이 있는 익숙한 풍경 안에 들어가서야 조금 안심이 되는지도 모릅니다.

그렇지만 저는 평소에 책을 많이 읽지도 않고 책상에 오래 앉아 있지도 않습니다. 또 진짜 낯선 도시에서라면 한 곳이라도 더 찾아보려고 지도를 펴 들고 쉬지 않고 걷는 사람이기도 합니다. 도서관의 익숙한 풍경에 마음을 놓으면서도 정작 낯선 거리를 어리석도록 걷고 또 걷는, 이 제각각 다른 '나'들'을 끌고 살아가야 하는 것이지요. 방향이나 성격은 달라도 아마 여러분들도 저처럼 합치되기 어렵거나 이율배반적인, 혹은 함께 있으면 비효율적이기까지한 여러 국면들을 이고지고 살아가고 계실 듯합니다.

...... 시련의 아래에서 탄력을 기르라

"가혹한 시련의 아래에서 탄력을 기르라. 오직 제 속에서 저의 살 길을 고르고 밟으라. 현명하라. 이뿐 저뿐 해도 오직 자조와 자구가 있을 뿐이다."

1934년 9월 11일자 〈동아일보〉의 기사 '셀푸-헬푸'의 마지막 구절입니다. 이 글을 쓴 필자는 새 집으로 이사 갈 날을 받고 갑자기 아내를 잃은 친구, 세 아이와 유복자까지 두고 서른하나의 나이에 돌연사한 친구 등 지난 2주간 자신의 주변에서 생긴 일들을 담담히 소회하고는 저 문장으로 글을 마무리합니다. 과연 놀라운 탄성과 탄력으로 물속으로 가라앉는 자신의 머리를 스스로 붙들어 살아날 수 있을까요. 스스로 고르고 밟아 나가며 현명하게 자구하고 자조할 수 있을까요. 더구나 자구와 자조의 토대가 '탄력'이라니, 유연성과는 거리가 먼 저로서는 더욱 자신이 없습니다. 그럼에도 저 문장에 마음이 쓰이는 것은 그 안에 부정할 수 없는 진실이 담겨 있기 때문이겠지요. 가혹한 시련을 이겨 내는 것은 외부로부터의 구원이나 우연히 얻은 행운이 아니라 자기 안에서 나오는 자신의 힘이라는 것입니다.

1930년대 일제 강점기를 견뎌야 했던 조선인들이 20세기 초반에 일본에서 번역된 19세기 영국 사상가 새뮤얼 스마일즈의 자조론 즉 'Self-Help'를 일상적 자기 구호로 삼았던 맥락을 이해할 수 있을 듯합니다. 정치적 침탈이나 외적 강압, 전쟁이나 기근은 사라졌지만 지금 우리의 상황도 크게 다르지는 않겠지요. 모든 것이 최첨단을 향하는 이 시대에도 우리는 여전히 자기 구원의 길을 살피고 찾아 나갑니다. 그토록 많은 '자기 계발서 Self-Help book'들이 시장에 쏟아져 나오는 이유도 아마 여기에 있을 것입니다. 가혹한 시련 아래서 '탄력'을 기르려는 것이겠지요.

그런 맥락에서 본다면 이 책은 '탄력'을 기르기엔 적합하지 않을 수도 있습니다. 사회적 성공이나 효율적인 인간관계를 위한 유연한 조언과는 거리가 먼, 옛 사람이 남긴 딱딱하고 고지식한 사상들이 담겨 있을 뿐이니까요.

····· 가지 않은 길에 대하여

어수선한 시절입니다. 특정한 사건이나 문제를 머리에 두고 하는 말은 아닙니다. 물론 제가 이 글을 쓰는 동안에도 곳곳에 크고 작은 사건들이 일어나 많은 이들이 소요하고 불안해하고 분노하고 있습니다만, 여러분이 이 책을 펼쳐 든 어느 시점에도 저 문장은 유효할 것입니다. 모든 것이 남의 일인 듯 마음을 끊고 살 수 있다면 좋겠지만 쉽지는 않겠지요. 무엇보다 나와 완전히 관계없는 일을 찾기란 불가능할 것 같군요. 지구 반대편의 테러뿐 아니라 무고한 이들의 죽음에도 우리는 흔들리고 영향을 받습니다.

누구라도 이유 없는 혐오와 약자를 향하는 폭력에서 자유로울 수는 없습니다. 이 자리에서 내가 수류고 강자라고 해서 저 자리에서까지 그 지위와 힘이 보장되지 않기 때문입니다. 혐오가 유령처럼 떠돌며 수많은 경계들이 서로를 적으로 만드는 이 어수선한 시절을 어떻게 견뎌야 할지 가끔 막막할 때가 있습니다. 그런 막막한 마음으로 저는 이 책을 썼습니다.

사상사에 남았다는 점에서 결과는 영광스러울 수 있지만, 과정은 결코 영광스럽거나 찬란하지 않았던 일곱 개의 삶의 길이 제게 말해 주는 것은 분명합니다. 내가 택한 길뿐 아니라 가지 않은 길에도 내가 있다는 것. 어쩌면 불합리하거나 비효율적인 '나들'이 지금 여기로 이끌었다는 것. 그리고 자신뿐 아니라 다른 이들의 삶도 그렇다는 것. 어쩌면 내가 가지 않은 길에서 얻은 단서들이 나와 다른 길을 가는 사람들을 이해하도록 도와줄지 모릅니다. 유연하지는 않지만 그 이해의 노력들이 자기 구원에 조그마한 힘이 될 수도 있을 것입니다. 그리고 무엇보다 자신과 다른 이들을 이해하려는 노력들이 불안과 불신이 확산되어 가는 이 어수선한 시절을 견디고 바꾸는 데 작은 도움이 될 수도 있을 것입니다.

…… 고백

고백하건대 이 책이 지금까지 쓴 여러 권의 책들 가운데 가장 힘든 책이었습니다. 책을 쓰는 기간 본업인 학술적 작업이 몰렸던 탓도 있지만 무엇보다 열네 명의 사상가들의 삶과 선택을 따라가는 과정이 힘들었습니다. 철학사나 사상사의 일부로서 그들의 사유를 정리하는 건조한 방식이 아니라 심정으로 그들의 삶과 선택을 이해해야 했기 때문입니다.

저의 고생에 어떤 의미가 있을지, 어떤 보상이 따를지는 답하기 어려울 것입니다. 저자인 저에게는 부끄러운 책이지만 좋은 책을 만들기 위해 애써 주신 풀빛의 김재실 님과 제 글이라면 무엇도 마다하지 않고 읽으시는 어머니 그리고 어떤 상황에서도 제 편이 되어 주시는 엄은경 님과 이경란 선생님, 관대한 친구 한태희, 최지영, 장국행에게 감사의 마음을 전하고 싶습니다. 제가 늘 겪는 마음의 소요들을 가라앉히고 다시 제자리로 돌아올 수 있는 것, 가혹한 시련 속에서도 포기하지 않을 수 있는 것은 결정적인 순간에 감사를 전할 수 있는, 지팡이 같은 이 이름들이 있기 때문이겠지요.

2016년 8월 盛夏의 서울에서

김선희 씀

나를
공부할
시간 – 인문학이 제안하는 일곱 가지 삶의 길

초판 1쇄 인쇄 2016년 9월 6일
초판 1쇄 발행 2016년 9월 13일

지은이 김선희
펴낸이 홍석 **전무** 김명희
책임편집 김재실 **본문 디자인** 김명희
마케팅 홍성우·이가은·김정혜·김화영 **관리** 최우리

펴낸 곳 도서출판 풀빛 **등록** 1979년 3월 6일 제8-24호
주소 03762 서울특별시 서대문구 북아현로 11가길 12 3층
전화 02-363-5995(영업), 02-362-8900(편집) **팩스** 02-393-3858
홈페이지 www.pulbit.co.kr **전자우편** inmun@pulbit.co.kr

ISBN 978-89-7474-791-6 04100
ISBN 978-89-7474-790-9 04080(세트)
책값은 뒤표지에 표시되어 있습니다.

이 도서의 국립중앙도서관 출판예정도서목록(CIP)은 서지정보유통지원시스템 홈페이지(seoji.nl.go.kr)와
국가자료공동목록시스템(www.nl.go.kr/kolisnet)에서 이용하실 수 있습니다.
(CIP제어번호: CIP2016019277)

KOMCA 승인 필